中國古代車輿馬具

劉永華 —— 著

U0106974

中華書局

責任編輯　黃杰華
裝幀設計　黃希欣
排　　版　陳先英
印　　務　劉漢舉

中國古代車輿馬具

著　　者　劉永華

出　　版　中華書局（香港）有限公司
　　　　　香港北角英皇道 499 號北角工業大廈 1 樓 B
　　　　　電話：(852) 2137 2338
　　　　　傳真：(852) 2713 8202
　　　　　電子郵件：info@chunghwabook.com.hk
　　　　　網址：http://www.chunghwabook.com.hk

發　　行　香港聯合書刊物流有限公司
　　　　　香港新界大埔汀麗路 36 號
　　　　　中華商務印刷大廈 3 字樓
　　　　　電話：(852) 2150 2100
　　　　　傳真：(852) 2407 3062
　　　　　電子郵件：info@suplogistics.com.hk

印　　刷　美雅印刷製本有限公司
　　　　　香港觀塘榮業街 6 號海濱工業大廈 4 樓 A 室

版　　次　2019 年 12 月初版
　　　　　©2019 中華書局（香港）有限公司

規　　格　16 開（220mm×170mm）

ISBN　978-988-8674-34-3

前言

　　車馬是中國古代最主要的陸路交通工具。數千年來，它們曾在社會生活中佔據過舉足輕重的地位，無論是勞動生產還是戰爭，或者是政治活動，它們都是不可或缺的重要工具與裝備，其數量的多寡與質量的優劣，經常成為衡量某一時期的社會發達與落後、國勢強盛與衰弱的重要標準。因此，通過研究古代的車輿馬具，能深入了解古代的政治、軍事、科學、文化的進步與發展，對繼承與弘揚中華文明的寶貴遺產能產生積極的推動和促進作用。

　　馬從野生到被人馴養經歷過一段漫長的歲月，考古材料所證實的歷史可以追溯到公元前四千餘年的新石器時代。在俄羅斯基輔的銅器時代遺址中曾發掘出用鹿角製成的馬嚼，同時發現的馬牙上還留有被這種馬嚼子磨傷的痕跡。華夏祖先在銅石器並用時代可能也開始馴養馬了，黃河中遊一帶的龍山文化遺址出土過很多馬骨，但這些馬到底是狩獵來的，還是馴養的，目前尚找不到明確的證據。中國青海省剛察縣泉吉鄉黑山舍布齊溝的一幅岩畫《騎射犛牛圖》，很明確地描繪出我們的祖先這時候已開始騎馬狩獵了。

　　車的發明比起馴養馬又晚了一千餘年，全世界最早的車的形象是從中東地區距今四千六百餘年的蘇美爾王朝烏爾王陵中的一件藝術品上發現的，這是一輛用四匹馬拉的四輪運兵戰車，從車輪的構造上可以看出它是最原始的馬車。據《左傳》、《世本》等文獻的記載，中國在夏代開始使用車，但河南安陽殷墟的考古發掘材料卻表明，直到公元前

一千四百餘年的商代中期人們才開始大量造車，早於商代的實物至今也沒有發現，所以西方學術界一直持有中國馬車是從西方經歐亞草原引入的觀點。

回顧中國古代馬車的發展史，大致可以分為前、後兩個時期：商至西漢為前期，兩漢之交為後期。商至西漢時期，馬車既是統治階層專有的奢侈品，是上層人物社會地位的象徵，同時又是重要的軍事裝備。考古材料證實，在商周時期，作為貴族日常生活用的乘車和作戰用的戰車，在形制、結構上尚無明顯的不同；至春秋戰國時期，這兩種車的區別就越來越顯著了。乘車不僅在結構設計，而且在造材用料、對車的裝飾上都日益追求舒適豪華，而戰車則着重考慮靈便輕巧，牢固耐用。作為乘車的馬車到秦漢之際可以說發展到了頂峰，這時候適於不同用途的各種車型已全部出現，一整套與帝王公卿身份地位匹配的用於出行儀典的車輅制度也伴隨着封建政治制度的完善而最終形成。作為戰車的馬車至戰國中期是其發展的鼎盛階段，以車馬的數量與質量來衡量軍事實力及國勢的強弱精銳正是在這個時候。縱觀馬車發展的前期，無論是乘車還是戰車，其製造技術之完美，設計構思之合理、精密，都是完全出乎我們想像的，足以引起我們驚歎的。

兩漢之交時期，盛極而衰的首先是戰車。戰車的衰落緣於騎兵的崛起。騎兵作戰的快速機動能力不亞於戰車，而其較少受戰場地理條件限制的優點，使戰車相形見絀，戰車漸漸被淘汰出戰場。與此同時，由於發明了較為完備的騎馬鞍具，乘騎已不像從前那麼困難了，王公顯貴為了趕時髦紛紛棄車騎馬，於是乘車的地位也開始下降。至魏晉時期，高級乘車大多改由牛來駕輓，馬車一般只用於運輸貨物，雖然直到清代，在歷朝帝王的儀仗鹵簿中仍保留着各種名目的用馬駕輓的輅車，但主要供人觀賞，很少實際使用。

中國古車還存在獨輈車與雙轅車的兩個發展階段，即先秦時期的獨輈車階段，西漢中期以後的雙轅車階段。

先秦時期的獨輈車：絕大多數車轅是單根的，裝在車廂的中部，這種車稱作「獨輈車」；西漢中期以後的雙轅車：車轅基本上為雙轅，裝在車廂的兩側，這種車稱作「雙轅車」。

以馬車為例，獨輈車至少需用兩匹馬才能駕車，有時可用四匹、六匹、八匹馬來駕輓；雙轅車一般只用一匹馬，特殊情況也有用三匹或五匹馬繫駕的。

古車的駕輓方法，以世界範圍而論，曾先後使用過頸式、胸式、鞍套式三種繫駕法。

頸式繫駕法最早出現於公元前三千餘年的美索不達米亞，一直使用到公元前3世紀。波斯與羅馬的古車都採用這種繫駕法，雖然其間出現過不少小的改進，但基本的方法一直沒有變化。以前國外有些學者認為中國古車的駕輓方法也是採用頸式繫駕法，但近40年來的考古發現，為我們提供了一系列證據，證明中國古代駕車主要使用的是胸式繫駕法，這一繫駕法在西周時就已出現（商代的發掘材料中也發現有使用這種方法的跡象，但目前還不能確定），到戰國後期已十分完善。

胸式繫駕法部分採用了頸式繫駕法，但克服了壓迫馬氣管、不利於發揮馬力等缺點，在充分利用畜力資源方面無疑是更先進的。胸式繫駕法在中國使用了兩千多年之後西方才開始引用，而這時中國已開始使用鞍套式繫駕法了。

鞍套式繫駕法主要用於雙轅車，這一方法經過唐末、五代的不斷改進，至宋元時期最後定型。我們今天所看到的馬、牛、驢、騾車的繫駕，基本上沿用了當時的方法。

古人在馴服野馬的實踐中還發明了一套用來控馭馬的馬具。

馬具共分三類：

鞁具：控制馬首。主要由轡頭、鑣和銜組成；

輓具：用於車與馬固定。主要有軛、靳、鞦等帶具，西漢以後新增胸帶、鞧帶；

鞍具：乘騎用具。由馬鞍、障泥、鐙、胸帶、鞧帶等組成。

駕車時主要使用勒具和輓具，乘騎時主要使用勒具和鞍具。

勒具用於控制馬首，任何暴烈的馬只要給牠套上勒具就有希望馴服。勒具由轡頭、鑣和銜組成，早期的勒具大多有轡頭而無鑣、銜。鑣、銜出現於商代晚期，當時的結構還不很成熟，至春秋初期，鑣、銜就很完善了，大量的出土實物證實它們在當時已具有很高的普及率。

輓具是駕車時把車固定在馬身上的裝備，這些裝備在先秦時主要有軛、靳、鞘等帶具，西漢以後新增胸帶、鞦帶，輓具在使用雙轅車以後有比較明顯的改進。

鞍具是乘騎用具，由馬鞍、障泥、鐙、胸帶、鞦帶等組成，胸帶、鞦帶早先用於駕車，後來則用於固定馬鞍。

最初的馬鞍沒有鞍橋，騎馬也沒有馬鐙。

鞍橋出現於西漢晚期，剛出現時很低很平，直到晉代才開始使用高鞍橋馬鞍，同時，墊於鞍下、垂於馬腹兩側的障泥也流行起來。

晉代最重要的發明則是馬鐙。西晉初只用單個，主要供上馬時踩踏，時隔不久，雙鐙就普及起來。

馬鐙的發明具有深遠的歷史意義，它大大減輕了騎馬的難度，正是具備了有鐙的鞍具，南北朝時人馬披甲的重裝騎兵才得以蓬勃發展。馬鐙流傳到歐洲後，西方中世紀的重甲騎兵才隨之出現。重甲騎兵對社會的變革具有強大的影響力，林恩·懷特曾讚譽說：「只有極少的發明像馬鐙這麼簡單，但卻在歷史上產生了如此巨大的催化影響」。鞍具雖然於西晉時已經齊備，但在此後相當長的時期內不斷有所改進，特別是鞍和鐙。

古代的車輿馬具浩好之後都要進行裝飾。木結構車最主要的裝飾手段是髹漆。反覆多層地髹漆在木質表面上形成厚厚的漆膜，不僅使車鮮豔光亮，具有很好的保護功能，而且不同時代的彩繪呈現出迥異的藝術風格與藝術樣式：西漢時車在油漆之前還須用骨粉拌和膏泥做成底子，與現在用豬血老粉做油漆底子的傳統辦法有異曲同工之妙。油漆後還要彩繪，商周時期彩繪紋飾尚較簡約，戰國之後圖案色彩就越來越繁複豔麗、細致工整。秦

漢、唐宋時期更是「朱班重牙、畫轂紋輈」、「左青龍、右白虎」，極盡描繪之能事。

除髹漆彩繪外，古車在關鍵、突出的部位還裝有青銅飾件。這些飾件有的是必不可少的附件，如輨飾*、衡首飾和車軎，有的是可有可無純粹為了美觀而添加的飾品，如鈴鑾、衡中飾、柱首飾等。先秦時期青銅器主要採用錯金銀技術裝飾；商、周時期還常用獸骨、蚌、貝殼等材料，製作十分精美；秦漢以後更多地使用鎏金，或直接用金、銀材料鑲嵌、打造，王公顯貴的全套車輿馬具往往價值連城。

中國的車輿馬具後來流傳到東南亞和歐洲，其裝飾技術及藝術風格也在這些地區和國家傳揚開來，為世界性的文化藝術交流做出了貢獻。

研究古代的車輿馬具是考古學、歷史學的重要課題，特別是對古車的研究，從春秋時代的《考工記》就已開始，但由於木結構的車子不能長期保存，後世學者缺乏實物對照，僅根據文字記載不能正確推想出古車的具體結構，所以經常誤解文獻記載的含義。有時迫於政治需要（如為帝王考證車駕鹵簿儀典制度等）而咬文嚼字、引經據典地閉門造車，憑空想像畫出一些脫離實際的古車復原圖，結果不僅歪曲了古車的本來面貌，還把研究引入歧途。

這一局面直到20世紀初河南安陽殷墟的發掘才得以改變。當時發現了多處商代車馬坑的殘跡，這些殘跡為古車研究開闢了新途徑。遺憾的是，限於當時的技術條件，尚不能熟練地從黃土中完整地剝剔出木質車腐爛後留下的痕跡，所以還是沒有弄清古車的全貌。

新中國成立後，對古車的研究有了突破性進展，20世紀50年代，中國科學院考古研究所首先在河南輝縣成功地剝剔出戰國時代的車跡；隨後又陸續在安陽大司空村和孝民屯，陝西長安張家坡，河南三門峽上村嶺與淮陽，北京琉璃河、大葆台、山東膠縣、臨淄、山西太原等地，發掘出一大批上至商周、下至秦漢的車馬坑，並完整地保存了其中絕大部分古車痕跡。根據這些痕跡能基本準確地測量、剖析出古車的尺寸與構造，了解古車的用材、製造技術和裝飾方法，並能對歷代車的形制變化進行分析比較。同時，在車馬坑

---

* 輨飾：在沒有出土雙轅車之前，考古學上把獨輈頭上的青銅飾稱作軏飾，雙轅車出現之後才改稱輨飾，因軏為古字現已不通用，故後面文字中統一稱作輨飾。

中隨葬的各類馬具，以及其他墓葬中出土的馬具馬飾和墓室裏的壁畫、石刻等，也為研究各個時代的馬具發展提供了實物和形象資料。這些豐富翔實的資料，為理論研究創造了基本條件。

20世紀80年代後，一批專家學者陸續發表的一系列論文、專著，如楊泓先生的〈戰車與車戰〉、〈中國古代馬具的發展和對外影響〉、孫機先生的〈中國古獨輈馬車的結構〉、〈從胸式繫駕法到鞍套式繫駕法〉、楊英傑先生的〈先秦古車輓馬部分鞁具與馬飾考辯〉、楊寶成先生的〈殷代車子的發現與復原〉、郭寶鈞先生的《殷周車器研究》、李米佳先生的《李米佳談古代帝王車輅》等等，把古車研究推向了新的階段。筆者正是得益於這些重要的研究成果萌發了將其匯編成書的念頭，同時借機發揮善於繪畫的特長，把古代車輿馬具的基本原貌描繪出來，使讀者能通過圖文對照了解、欣賞這些文化瑰寶。

對於這項研究是要長期不斷深入進行的，特別是根據考古材料進行的研究，每一次新的發現都可能會修正業已形成的觀點，如1995年在安陽梅園莊發掘出一座商代車馬坑，在其中一輛車上發現了車軾，這一發現立即推翻了半個多世紀以來持有的軾出現於西周時期的觀點。所以，我們現在所作的每個結論，將來都可能面臨新的挑戰。更何況我不是一位專業研究人員，沒有接受過專業訓練，也沒有參加過考古發掘的實際工作，所以在編寫本書的過程中難免有疏漏之處，我真誠地希望讀者發現後能給予指教，予以修正，或許通過相互討論能把這項研究深入進行下去，這也是我斗膽寫這本書的目的。

劉永華

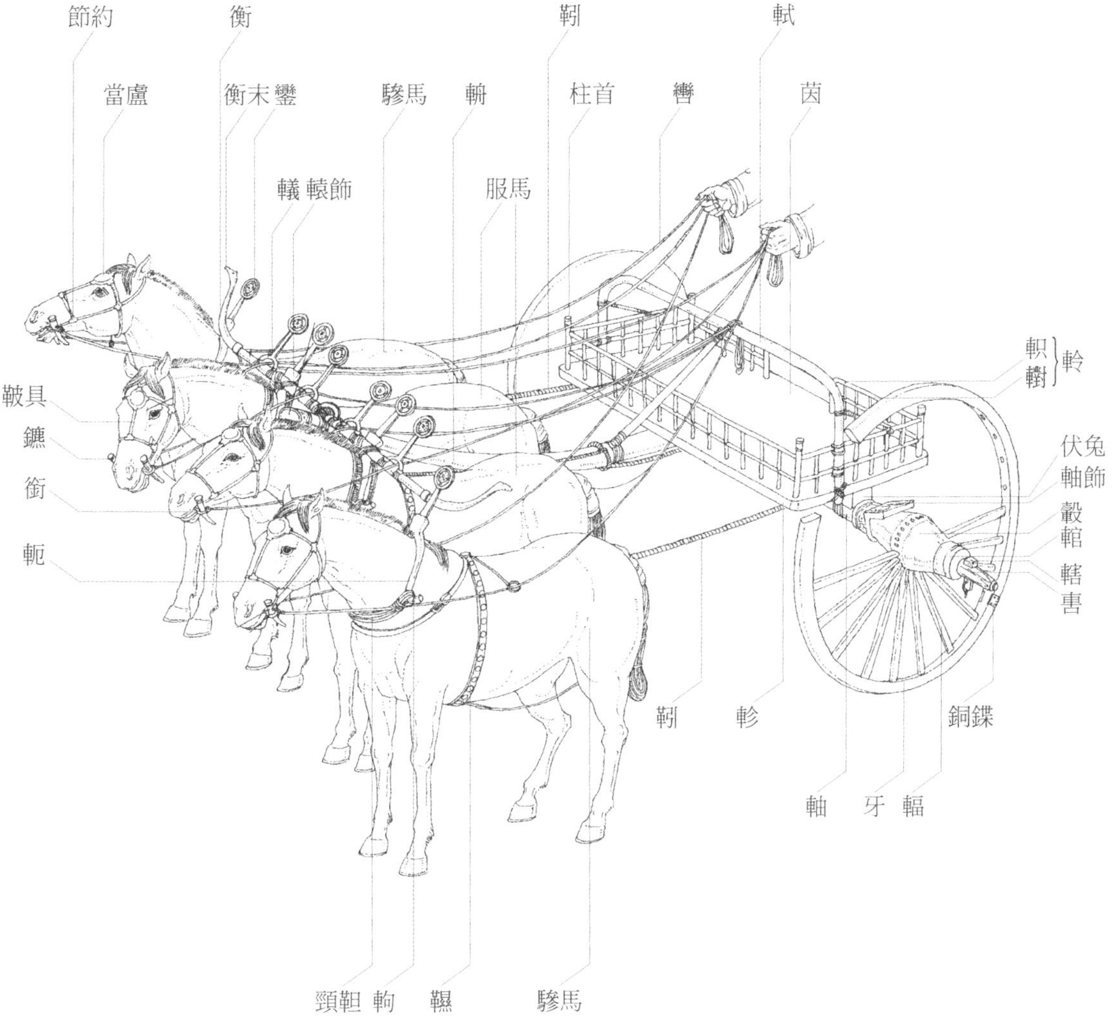
節約
衡
靷
軾
當盧
衡末鑾
驂馬
輈
柱首
轡
茵
轙
轅飾
服馬
軹
轛
軨
鞁具
鑣
銜
軶
伏兔
軸飾
轂
輨
轄
軎
靷
軫
銅鍱
軸
牙
輻
頸靼
軥
韅
驂馬

獨輈車車輿馬具名稱說明圖

壹・車的起源

圖1-1　美索不達米亞蘇美爾王朝的烏爾王陵出土的一幅四匹馬拉的四輪戰車圖

圖1-2　俄羅斯亞美尼亞魯查森11號古墓出土的兩輪輕型馬車復原圖

古代，在遼闊的土地上，最理想的交通工具當然是車——這是在當時的物質生產條件下所能製造出的最好的運載工具。

現已掌握的資料表明，全世界最早使用車的是美索不達米亞，在出土的公元前四千六百多年蘇美爾王朝的烏爾王陵旗柱上，有一幅四匹馬拉的四輪戰車圖，圖上車的車輪沒有輻條，像是用兩塊木板拼合而成（圖1-1）。公元前兩千年左右，俄羅斯南部草原也開始用車，從亞美尼亞魯查森11號古墓出土的一輛兩輪輕型馬車實物顯示，這時車的構造已有了很大的改進（圖1-2），這些是距今五千餘年的最原始的車。

中國的車出現於何時？文獻中說法不一。比較集中的觀點認為是夏禹時代的奚仲發明的。如《古史考》：「禹時奚仲駕馬，仲又作車，更廣其制也」。其他一些文獻也有類似的記載。而《通志‧器服略》等書則把車的發明上溯到黃帝時代。此外，《古史考》又云：「黃帝作車，至少昊始駕牛，及陶唐氏

製彤車，乘白馬，則馬駕之初也，有虞氏因彤車而製鸞車，夏後氏因鸞車而製鈎車，奚仲為車正」。《宋書‧禮志五》更進一步做了辨析：「《世本》云：『奚仲始作車』。案庖羲畫八卦而為大輿，服牛乘馬以利天下，奚仲乃夏之車正，安得始造乎？《系本》（即《世本》）之言非也」。

這些說法實際上都源於《周易‧繫辭下》，書曰：「黃帝、堯、舜垂衣裳而天下治……服牛乘馬，引重致遠以利天下」。所以唐人楊倞在注《荀子‧解蔽篇》時寫道：「奚仲，夏禹時車正。黃帝時已有車服，故謂之軒轅。此云奚仲者，亦改製耳」，只承認奚仲是車的革新者、改造者。

究竟是黃帝還是奚仲發明了車，以當時的智慧和生產條件把功勞歸於任何一個人都是不妥當的，車在當時是一種較複雜的機械，從構思、設計到製造出來，絕不可能在短期內由某個人完成，中間一定會有很多人參與這項創造活動，而黃帝或奚仲在其中可能發揮了比較重要的作用。但無論如何，中國最遲在夏禹時期（距今四千多年）已有馬車，這是文獻記載所持的一致觀點。

可是，考古實物比文獻記載的年代要晚五個多世紀。1935年至1936年，在安陽殷墟的大規模發掘中，曾發現過六座車馬坑，出土了一大批車馬器，首次肯定了商代雙輪馬車的存在。但當時的考古學者還沒有掌握從墓坑填土中清理出木車腐朽後殘留痕跡的技術，所以遺跡都未能保存下來，只留下一些不很完整的圖文資料。

以這些資料為依據，又參照20世紀50年代在安陽大司空村發掘出的車馬坑資料，中國臺灣學者石璋如先生畫出了兩輛商車的復原圖（圖1-3、圖1-4），發表在《大陸雜誌》及李濟先生的《安陽殷墟》和張光直先生的《古代中國考古學》中，這是根據實物遺跡對古車復原的最早探索，雖然用現在的資料進行比較，圖中的錯誤比較明顯，但畢竟是一次重要的嘗試，比清代經學家戴震的《考工記圖》中的古車形制推想圖（圖1-5）要前進了一大步。

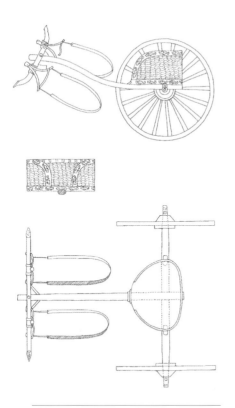

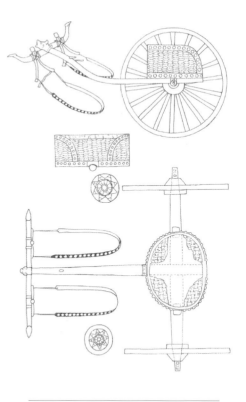

圖1-3　安陽殷墟小屯M40號車馬坑商車復原圖　　　圖1-4　安陽殷墟小屯M20號車馬坑商車復原圖

圖1-5　清代經學家戴震的《考工記圖》中的古車
形制推想圖

貳・先秦時期的獨輈車

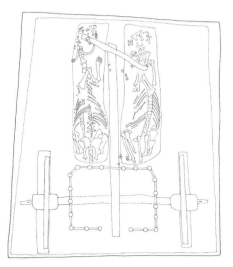

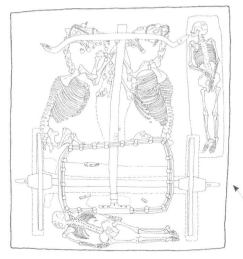

（1）河南安陽殷墟西區M1613號車馬坑平面圖　　　　　（2）河南安陽郭家莊西南M52號車馬坑平面圖

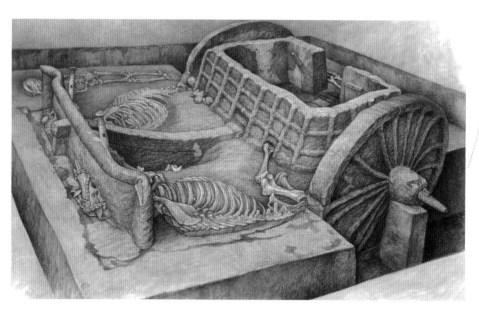

（3）河南安陽郭家莊西南M52號車馬坑發掘現場圖

圖2-7

下來。1986年在西安老牛坡發掘出一座車馬坑，編號為M27（圖2-8）。

1995年在安陽梅園莊東南發掘出編號為95鐵西城建M40、M41車馬坑。這兩座坑的保存情況都比較理想，其中一座（圖2-9）的材料改寫了古車考古史上的一個重要觀點（下文將詳細介紹）。[8]

1995年至1999年在山東滕州也發現了五座車馬坑，這是殷墟遺址之外發現的少數幾座商代車馬坑。滕州的五座中只有4號車馬坑保存最好，這輛車的車廂很特別，前部出現了用木柱和橫杆做成

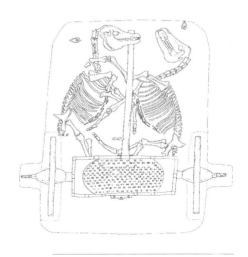

圖2-8　陝西西安老牛坡M27號車馬坑平面圖

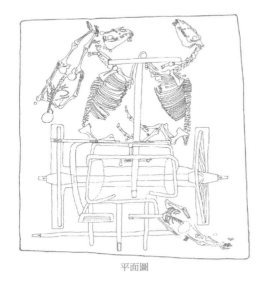

平面圖

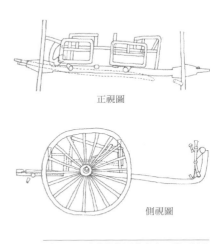

正視圖

側視圖

圖2-9　河南安陽梅園莊東南95鐵西城建M40號車馬坑平面圖與車的正、側視圖

的隔柵（圖2-10）。[9]

2003年在山西浮山橋北村附近發掘
了商周、春秋時期墓葬31座，其中M1
號是大型商墓，在距離墓道南端6.3米處
發現一輛殉車、駕二馬，並有一殉人。
這輛車的車廂前部平面呈橢圓形，在車
廂圍欄底部有大銅泡40件，與1935年的
發掘材料所做的復原圖頗為相似（圖
2-11）。[10]

2005年在安陽殷墟又發掘出七座
車馬坑，編號為2005AGM1—M7，其
中M4、M5出土的馬具絡飾很有特色，
尤其M5的由蚌片串聯而成，精巧美觀
的絡飾在商代眾多馬飾中難得一見（圖
2-12）。[11]

上述是已公開發表的商代車馬坑的
主要發掘資料。

歸納比較商代車的資料，根據車
廂的面積可以把車分為小型車和大型
車兩種。這兩種車廂基本上都是長方形

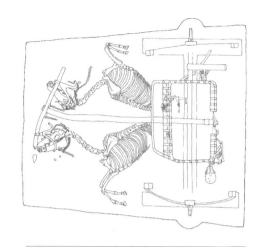

圖2-10　山東滕州前掌大商周墓地4號車馬坑平面圖

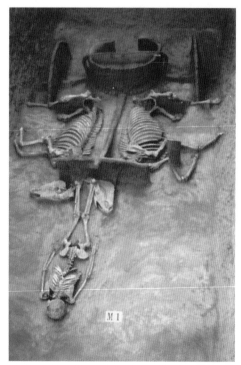

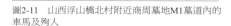

圖2-11　山西浮山橋北村附近商周墓地M1墓道內的
車馬及殉人

的，左右寬、前後進深淺，只有少數除外，但也是在長方形的基礎上稍有變化而已，而山西橋北村的橢圓形車廂乃是目前為止僅見的少數個例。

車廂在古時候稱作「輿」，輿多用四根方木做成底架，這四根木稱作「軫」。

文獻對軫有多種解釋，《考工記‧總序》曰：「車軫四尺」。鄭玄注：「軫，輿後橫木也」。戴震《考工記圖》曰：「輿下四面材合而收輿謂之軫，亦謂之收，獨以為輿後橫者，失其傳也」。本書從戴震說。

在軫木之下橫向裝軸，豎向裝輈，輈軸交叉點基本上是輿的中心點。在輿底框位於輈兩側與輈平行處，有時還另裝兩根樑木，特別是大型車廂。這種樑木稱作「桄」，段玉裁《說文解字注‧車部》曰：「桄，充也……桄之字，古多假橫為之……橫即桄字……今車床及梯凳下橫木皆是也」。在桄、軫木的

圖2-12　河南安陽殷墟商代大墓2005AGM1—M5號車馬坑

上（衡，即橫木，以將軛駕在馬頸上），衡又捆在輈上。為了保持車廂的水平狀態，輈首必須高出馬背。如果輈是直的，車的底架就要抬高，車輪就要做得很大，車架高、車輪大，重心就高，行車時特別是上下坡時很容易發生危險。所以在不能為了抬高車架而加大車輪的情況下，只好讓車輈向上彎曲，這一缺陷可能也是造成車廂橫向發展，重心盡量保持在車軸上的重要原因。

輈的端頭裝有青銅輈飾，輈飾在周代很盛行，商代似乎還不普及，目前發現的只有安陽小屯M20號車裝有輈飾（圖2-18）。

輈頭處是裝衡的地方，從出土的商車看衡的長度並沒有一定的標準，以圓徑直木為主，也有兩頭上翹的曲衡，曲衡又稱「錯衡」（錯在古文中有邪行逆上之義），在青銅器銘文「車」字中，就有很多表現兩頭彎的牛角形衡的形象（參見圖2-18）。衡上還裝有銅飾，直衡只有一種獸頭形飾，兩枚分別裝在輈兩側至軛之間，曲衡上除了這兩枚獸頭飾外，在兩頭還各裝有一個三角形衡飾，早年有些發掘報告常把它錯定為馬飾中的當盧，自郭家莊M52號車出土後才發現原來是衡飾（圖2-19）。

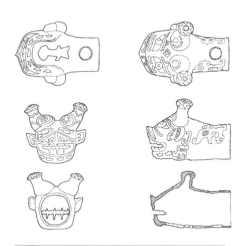

圖2-18　青銅輈飾（河南安陽小屯M20號車馬坑出土）

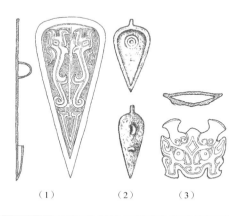

圖2-19　青銅衡飾（（1）、（3）河南安陽郭家莊M52號車馬坑出土　（2）陝西西安老牛坡M27號車馬坑出土）

雙軛裝在衡上，以軸為中心，分別固定在左、右兩段的中部，軛肢的形狀像「人」字。商代的軛多以青銅鑄成外套，內中則用圓木充填以增加強度。

　　軛肢兩頭向上彎卷處稱作「軥」。軥上套着繩索用來將軛固定在馬頸上。兩條軛肢的匯合處稱「軛頸」，軛頸外套有青銅的軛箍，其上連接青銅軛首。若軛肢全部用木料做成，軛軥處也套有銅軥飾（圖2-20）。

　　車軸是車輿的關鍵部件，是承受車載重量的所在，一般以圓木製成，中間粗，兩頭略細。在收細的一段處安裝車轂，在轂穿進車軸後，為了不使轂掉落，伸出的軸末要安裝青銅車𫐐。

　　車𫐐形如套筒，面向轂一側略粗，上下對穿開有長方形孔，向外一側略細，頂端封閉，𫐐身（在方形孔前）一般雕有花紋。𫐐套入軸末後，從方形孔處向下貫通車軸，便於插入轄，使之固定。轄形如木楔，轄首在上，較粗大，一般做成獸首狀，轄身向下，伸出孔外部分有穿，用以貫銷，使轄不會因振動而彈出。商代的𫐐多用青銅製成，但轄卻常是木製的，比較考究的則在木轄首外套一青銅轄首飾（參見圖2-2、圖2-4、圖2-6）。

　　轂是全車最重要的零件，外形像削去尖頭的棗核，中空，面向輿一側略粗於外側，孔徑也稍大一些，以與軸相配合，孔徑大處稱「賢端」，孔徑小處稱「軹端」。轂上鑿有榫

圖2-20 （1）連體銅軛（河南安陽郭家莊M52號車馬坑出土）（2）銅軛首 （3）銅軛箍（河南安陽殷墟西區出土）

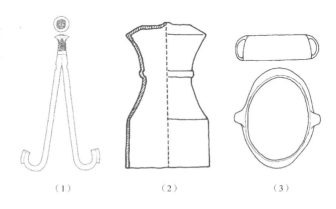

（1）　　　　　　　（2）　　　　　　　（3）

眼，用以裝輻條。

　　輻條的兩端是榫頭，裝入轂內的一頭名「菑」，另一頭名「蚤」。商代車輪的輻條一般在18至22根之間，最多的達26根。從外表上看，輻是上粗下細的圓木，實際上，截面尺寸基本相等。因為菑頭的正面細，側面寬，而蚤頭的側面細、正面寬，這種結構的好處在於，當菑頭裝入車轂時，不會因轂的圓周小，排列密度過高而裝不下，也不會造成蚤頭裝入輪圈後，因輪的圓周大而顯得過於稀疏，整個設計頗具科學性。

　　據文獻記載，車輪是用幾根木條經火烤後鞣成弧形拼接而成的。在已出土的戰國車車輪上多次發現有用兩根木條拼合的痕跡，但在商代車的發掘過程中至今還沒有看到這種現象。古時稱圓形的輪圈為「輪牙」，又名「輞」，《釋名‧釋車》曰：「輞，網也，網羅周輪之外也」。《考工記‧輪人》：「牙也者，以為固抱也」。通常把輪牙着地的一面做成凸鼓形，這樣可以減少輪與地面的接觸，雨天行駛時又不會沾起太多的泥水，還可以降低磨損率，延長車輪的使用壽命。

　　為了更直觀地了解商代車的結構面貌，筆者選擇資料比較齊全的三輛車，按比例畫出復原圖圖2-21、圖2-22、圖2-23，以供參考。

　　在這三輛車中，M7號車年代較早，M52、M40號車都屬商代晚期車，如果再仔細研究一下前面介紹的各輛車的發掘資料就能得出這樣一個結論：

　　商代的車從一出現就顯得比較成熟，車的整體結構和主要構件在今後的發展過程中再也沒有發生實質性的變化，似乎缺乏一個明顯的從原始發明到逐漸完善的過程。而且商代的早期車型與亞美尼亞魯查森11號墓出土的雙輪車極為相似（參見圖1-2），魯查森11號墓的年代要比商代早約半個世紀，這就引發了西方學者的中國古車外來說。然而中國文字記載古車出現的年代在時間上與烏爾王陵、亞美尼亞出土的車年代相當，雖說實物比史料更具說服力，但考古的新發現會不斷出現，究竟如何，我們還是等待將來更能證明事實的證據出現吧！目前，我們不妨正視外來說的現實。

發掘現場圖 圖2-21 河南安陽孝民屯出土M7號車復原圖

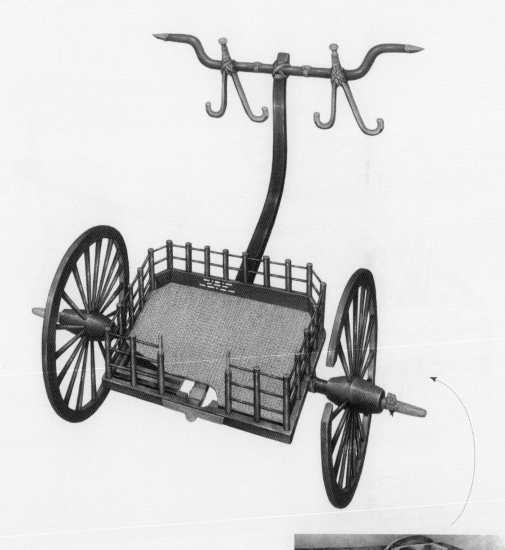

圖2-22　河南安陽郭家莊出土M52號車復原圖（圖中牙飾片的排列
為作者隨意推測，並沒有依據。根據發掘報告，車輿前部應設有可
坐的木板，由於痕跡不清，很難確定設置的方法，故復原時省略）

發掘現場圖

發掘現場平面圖

圖2-23　河南安陽梅園莊東南95鐵西城建M40號車復原圖

西周車的發掘與復原

西周車馬坑的分布地域要比商代廣，至今所發現的數量也比商代多，車馬坑的規模、出土的車輛數目都要超過商代。西周車馬坑一坑內往往同時埋數輛車，在埋葬方式上也有所改變，有的坑內車與馬分開放置，有的將車拆散成零件投入坑內，這種葬法給考古發掘工作和復原都帶來了困難。

西周車馬坑的發掘也開始於20世紀30年代。1932年在河南浚縣辛村發現了大批的西周墓葬，其中有兩座大型車馬坑，編號為3號和25號。據當時的發掘工作主持人、考古學家郭寶鈞先生所著的《浚縣辛村》一書介紹，3號車馬坑規模很大，馬和犬是活埋的，出土時垂死掙紮、相互踐踏的跡象十分明顯；車是拆成零件投入坑內的，一對相同的部件所處的位置往往距離很遠，出土時遺骨與木車痕跡十分凌亂，車的形制已無從探究，但出土的大量青銅車馬器與飾件都十分精緻。25號車馬坑規模較小，因遭到嚴重盜掘，原先的面目已不可辨，從坑的面積和馬骨的數量推測至少有七八輛車，而結果只出土了幾組車馬器（圖2-24）。[12]

1952年在洛陽東郊下瑤村發現一座亦遭盜掘的西周墓，編號151。此墓內棺木毀壞、人骨散亂，隨葬物品被搜括殆盡，只在輪痕間出土了一些銅車器（圖2-25）。[13]

1955年在陝西長安縣的張家坡探查出七座車馬坑，發掘了其中的四座（編號167、168、185、192），而後兩座已遭到盜掘，車的痕跡已被破壞。168號車馬坑（圖2-26）雖然車輿因堆土坍塌被壓扁變形，車轅部分和半個車輪的痕跡模糊不清，但對研究西周的車制仍很有參考價值，特別是該坑未遭擾亂、保持原位的馬飾，對研究西周車的駕馭方法是不可多得的比照材料。[14]

1967年在原來發掘的現場附近再一次進行了大規模的探查與清理，發掘出車馬坑五座（編號35、45、55、65、95），五座中只有35號尚屬完整，但是在開始發掘時不慎被當作普通墓葬處理，結果把輿的上部挖去，只留下車輿的平面痕跡，各部青銅飾件和馬頭上的

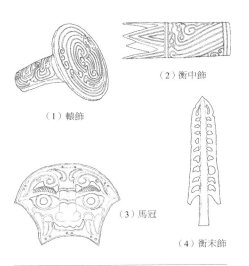

（2）衡中飾

（1）轅飾

（3）馬冠

（4）衡末飾

圖2-24　河南浚縣辛村西周車馬坑出土的青銅車馬器

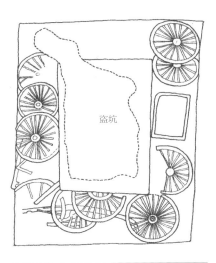

盜坑

圖2-25　河南洛陽東郊下瑤村151號墓車痕平面圖

圖2-26　陝西長安張家坡168號車馬坑平面圖

青銅轡飾均在原位，車廂內只出土了一把銅戈（圖2-27）。[15]

　　20世紀70年代是西周車馬坑發掘的豐收年代。1972年在北京郊區的琉璃河古文化遺址上探查出西周燕國墓區，1973年開始發掘，至1977年共發掘車馬坑五座（編號II M202CH、II M253、I M52CH$_1$、I M52CH$_2$、I M53CH）。

　　II M202CH號是一座大型車馬坑，因遭盜掘，坑中間部位的遺跡被破壞，其餘基本完整。坑內共埋馬42匹，車大部分拆散成部件埋入，車輪平放在坑底和馬上，車軸與輈亦拆開單獨放置，但各部件上的銅飾大都沒有拆除。較完整的車輿只有兩輛，分別置於坑的兩角，在上層還發現六個車傘蓋，其中1號車傘蓋的痕跡最清晰，這是商周車馬坑中最早發現傘蓋的一座，車輿用傘蓋始於西周也從此得以證實（圖2-28）。

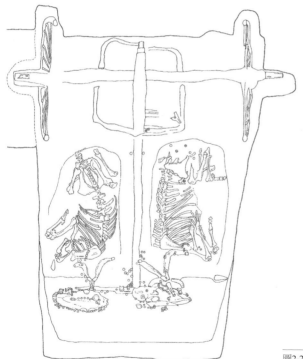

圖2-27　陝西長安張家坡35號車馬坑平面圖

盗洞

圖2-28 北京琉璃河西周燕國墓地II M202CH號車馬坑平面圖

I M52CH₁號是座小型車馬坑，這座車馬坑因距地面很淺，在發掘前已遭破壞，車輿的上部和前半個輿底連同軸、衡等的遺跡均已不存，只留下兩個車輪的下半部及後半個輿底的痕跡。所幸的是軸上的銅飾件、馬頭骨周圍的青銅鑾飾等尚在，位置亦沒有混亂（圖2-29）。

　　I M52CH₂號情況更差，此坑由於漢墓擾亂，只剩兩個車輪下半部的痕跡。

　　I M53CH和II M253號是兩個不完整的車馬坑：前者坑內以殉馬為主，車馬器主要有馬鑾飾件和銅鑾、銅軎、轄等，沒有發現木車痕跡；後者只殘留下車輪的痕跡與部分車飾。[16]

　　1981年中科院考古研究所再次對琉璃河墓地進行有計劃的發掘，又清理出墓葬121座，車馬坑21座。其中以1100號車馬坑最大，埋葬的車馬數量也最多，車除了車輪被拆下放置於坑的兩邊，其餘都未卸下，但是車上的大部分青銅飾件都被拆除了，尤以3、4、5

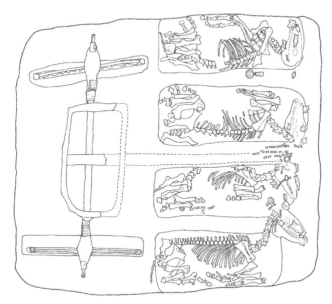

圖2-29　北京琉璃河西周燕國墓地I M52CH₁號車馬坑平面圖

號車最為完整，4號車車衡上的銅飾也都處於原位，3號車車廂上的土層中，還清理出與II M202CH車馬坑中一樣的車傘蓋的遺跡（圖2-30）。[17]

在發現琉璃河西周燕國墓地的同時，陝西寶雞市郊的茹家莊、竹園溝、紙坊頭地區也發現了西周強國墓地，經過勘探，1974年開始分三批發掘，其中有兩座車馬坑（編號BRCH$_1$、BRCH$_3$），全部在茹家莊墓區。

BRCH$_1$號馬骨交叉疊壓，布局很混亂。這座車馬坑是農民在平整土地時發現的，當考古工作者前往清理時，大部分車器已被取出，現有的出土平面圖是根據原位殘存的車飾及已取出的車飾鏽痕分析繪製的，故只能作為參考（圖2-31）。

圖2-30　北京琉璃河西周燕國墓地1100號車馬坑平面圖

BRCH₃號保存完好，坑內埋有三輛車，三輛車都堆放在馬屍上面，按順序是先放入中間的2號車，再放入前後的1號車、3號車，三輛車中木質遺跡保留最好的是1號車，出土時車輿的各部分基本未變形，車的銅飾件也都處於原位（除了車軎、車轄）。經精心剝剔，全部結構都被清理出來。據已公布的材料，這是迄今為止發掘出的西周車中最為完整的一輛，也是探討西周車制的重要參考材料（圖2-32）。

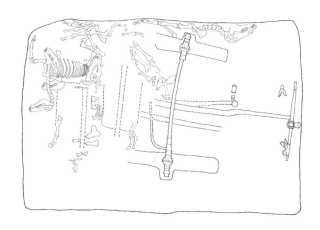

圖2-31　陝西寶雞茹家莊BRCH₁
號車馬坑平面圖

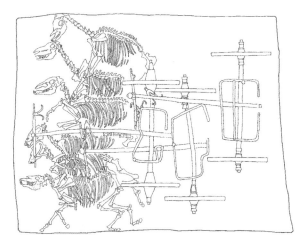

圖2-32　陝西寶雞茹家莊BRCH₃
號車馬坑平面圖

在這兩座車馬坑和其餘的強國墓葬
中還出土了一大批車馬器，很多都是其
他地區所罕見的，具有明顯的地域文化
特徵。[18]

從20世紀70年代中期至80年代中期
的十年間，其他地區也陸續發掘出一些
車馬坑，但都遭到不同程度的破壞、
盜掘。

1976年在山東膠縣西庵發掘出一座
車馬坑，人骨壓在車的下面，車輿的上
部被盜墓者破壞，所以車輿的形制無
法復原，但車內的青銅兵器、飾件和
馬的轡飾都保存完好，從車廂內有大量
兵器與青銅胸甲來判斷這可能是輛戰車
（圖2-33）。[19]

1985年在洛陽老城的中州路北側也
清理出四座車馬坑，編號為1、2、3、
4，1號車馬坑因受壓變形車輿僅存下
部，在東西兩側有立柱痕跡，車輪僅存
西側半個，馬骨周圍的痕跡與銅車馬器
未被擾亂，保存較完整（圖2-34）。4號
車馬坑的情況較1號要好，但輿上部與西
側輪跡亦遭到晚期墓葬的破壞，車衡、

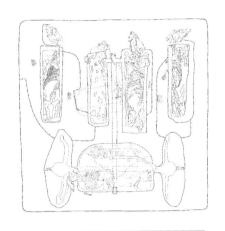

圖2-33　山東膠縣西庵西周車馬坑平面圖

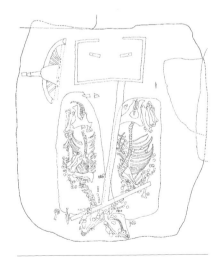

圖2-34　河南洛陽老城中州路1號車馬坑平面圖

輈、輿底軫木、部分立柱以及大部分車飾、馬轡飾都還處於原位，這輛車與膠縣的一輛在西周馬具與車制方面具有一定的參考價值（圖2-35）。另外兩座和1984年在陝西長安縣普渡村發現的兩座都遭受比較嚴重的破壞，殘留的痕跡也很不完整，出土的車飾、馬飾等都已有移位的現象，顯得很凌亂，故都不能起到參考、研究的作用（圖2-36）。[20][21]

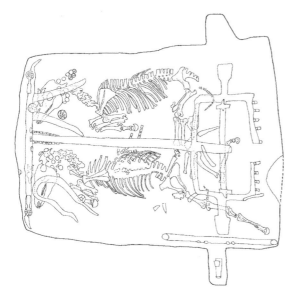

圖2-35　河南洛陽老城中州路4號車馬坑平面圖

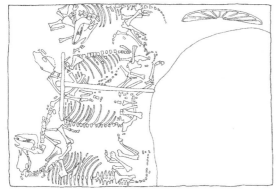

圖2-36　陝西長安縣普渡村M27號車馬坑平面圖

1993年在洛陽市林業學校綜合樓的基建中還清理出一座車馬坑，命運與上幾座也大致相同（圖2-37）。[22]

所以，出土西周車的車馬坑數量雖然很多，但保存情況明顯要比商代差，這對西周車的復原和研究是不利的。

西周車在整體上沿襲了商代的制度，這是考察了較完整的發掘材料後得出的結論。車廂仍以橫長方形為主，但尺寸上明顯要比商代大，車廂前部出現了圓形拐角，平面呈與山西橋北村出土的商車相近似的橢圓形，張家坡的車廂平面則呈梯形。

西周車比較明顯的變化是在輿前部普遍出現了另裝的車軸，車軸的安裝、固定、支撐的方法在茹家莊BRCH$_3$號車馬坑1號車上看得最清楚（參見圖2-48），其高度也比車軸要高很多。同時車軸的內側還裝有供人扶持的立柱，這說明在車的設計上已考慮到人在立乘時的舒適方便問題，比商代的車前進了一步。

西周車最突出的變化是車上的青銅零件明顯增多，製作也更為精美。首先，在車廂

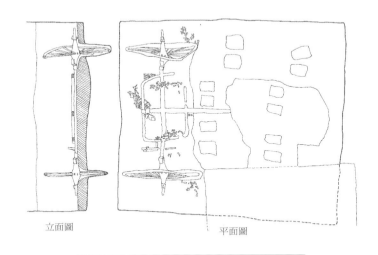

立面圖　　　　　　　　　　　　　　　　　平面圖

圖2-37　河南洛陽市林業學校西周車馬坑平面、立面圖

上，茹家莊BRCH₁號車馬坑出土了一組青銅軫飾，是安裝在輿底框四周軫木上的，這種軫飾在安陽小屯也出土過，但後者是單片型的，而前者則組成一個直角方盤，正好包裹在軫木外（圖2-38）；其次，是對車轂的加固。

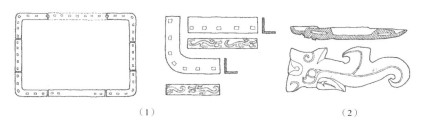

圖2-38　（1）陝西寶雞茹家莊BRCH₁號車馬坑出土的青銅軫飾　（2）河南安陽殷墟小屯出土的商代軫飾

　　古代的車為了保持行車平穩，防止疾馳轉彎時翻車，總是把車轂做得很長，西周的車轂最長達50厘米，古時稱作「暢轂」，轂越長支撐面就越大，然而也越容易因扭壓而開裂，所以要用金屬構件來加固它，這些加固件有輨、軎、軹。

　　輨，段玉裁《說文解字・車部》曰：「轂孔之外，以金表為之曰輨」。通俗地講，即套在車轂賢、軹端的金屬包件稱為「輨」。

　　軎，《說文解字・車部》曰：「車約軎也」。段玉裁注：「依許（慎）意，蓋謂軝、輢、輈等皆有物纏束之，謂之約軎」。像銅箍一樣套在兩輨之內、車轂外表的為軎。

　　軹，是車轂中段安裝輻條的所在，屬車轂的關鍵部位，用以加固的銅車軹多由兩半對合而成，也有渾為一體的，這三種加固件從中間、兩側和兩端把車轂緊緊箍牢圍裹起來（圖2-39）。從外表加固車轂的方法在西周十分流行，春秋以降便逐漸棄置不用了。

　　西周車上還出現了一種十分重要的部件——軬。《說文解字・車部》曰：「軬，車伏兔也」。伏兔又稱為「屐」、「輹」，《釋名・釋車》：「屐，似人屐也……又曰輹。輹，伏也，伏於軸上也」。這是兩塊置於軸上、墊在左右車軫下的小枕木。在已發掘的商

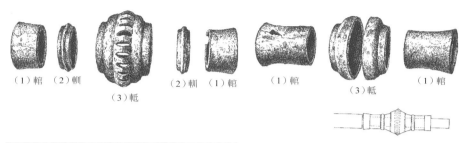

（1）輨　（2）軎
（3）軏

（2）軎　（1）輨

（1）輨

（3）軏

（1）輨

（4）輨、軎、軏組合示意圖

圖2-39　北京琉璃河202號車馬坑出土的銅車轂加固飾件

代車上，至今還沒有發現這一部件的遺跡。

　　上文在介紹商車構造時提到，車軸是置於車軸上的，車廂又置於車軸上，軸在輿的中間，因此，兩側軹木與軸間有空隙，車廂就難以擱平。如果要將車輿放平穩，不是在前後兩根車軹上挖槽，就是在軸上挖槽，兩種方法都可用，但都會削弱軹木或軸的強度，而一旦在車軸上墊上兩塊伏兔，就不必再在軹木或軸上挖槽，車廂的平穩問題也迎刃而解了。這一新發明雖然不起眼，但在車輿的穩固性能上卻起到了很重要的作用。

　　最早發現伏兔痕跡的是在陝西長安張家坡168號車馬坑出土的2號車上，以後從北京琉璃河52CH1號車馬坑、陝西寶雞茹家莊的兩座車馬坑的車上都有所發現（參見圖2-26、圖2-29、圖2-32）。

　　西周車上的青銅飾件也比商代多，例如軸飾，商代車上很罕見，只有在安陽梅園莊M40號車馬坑內發現一例，但那是兩塊平貼於車軸上的經過髹漆彩繪的木片（參見圖2-8），而在西周車上卻比比皆是，基本上都是青銅鑄造的。

　　古車軸長，為了防止翻車而把兩輪之間的軌距拉得很大，從平面上看，車軸的長度約等於車軹的長度，輪距寬而車廂小，車輪與車廂之間有很大的間距，最大間距要達50厘米，這樣，就有一長段車軸要暴露在外面，行車時很容易遭受泥水的侵蝕，為了保護這段車軸，早期的方法是在軸外纏裹革帶，髹漆後再加彩繪，如梅園莊M40號車那樣。

因此西周銅器銘文中提到天子冊賜車馬器時常常出現「畫輻」、「畫轉」的字樣，後來在此處用銅軸飾以替代木片、漆畫。過去人們認為使用銅軸飾是從西周開始的，但1990年在山東滕州前掌大商代墓葬中出土了一件銅輨與銅軸飾，說明商代晚期已開始使用了（圖2-40）。[23]

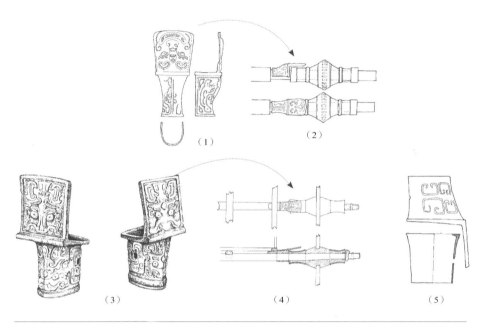

圖2-40 （1）覆瓦式軸飾（陝西寶雞茹家莊出土） （2）覆瓦式軸飾裝配復原圖 （3）套筒式軸飾（北京琉璃河出土） （4）套筒式軸飾裝配復原圖 （5）山東滕州出土商代的軸飾與銅輨飾

　　另一種在商車上很少見而在西周車上很普遍的飾件是裝在車軸轊頭上的轊飾。轊飾的製作、花紋都極精美，比較流行的式樣為喇叭形，頂有圓當。也有形如商代的獸首狀轊飾，寶雞茹家莊車馬坑還出土了多件正面為一怒目隆鼻、垂腮裂口、頭上束冠的獸頭，背面為一闊口大耳、寬鼻披髮、身着襦褲、腰束寬帶的小人形狀的轊飾，整個造型十分別致、生動，為其他地區所未見。在長安張家坡墓地也出土過一批青銅轊飾，這些轊飾的造型都是獸頭或獸面，長眉、巨眼、鼓腮張口，兩側有獠牙，面目猙獰兇惡。該墓地還出土了一件軸頸飾，

是目前為止首次發現的唯一一件新車器。這件轊頸飾由兩個半圓管合成,合縫處用一根三角形的脊條在底側將兩個半圓管鎖住,再用銅釘固定在木軸上。從這件轊頸飾上可以準確了解西周車軸的曲度和直徑尺寸,對復原西周車具有重要價值(圖2-41)。[24]

車衡上的青銅飾件也比商代有所增加。在衡與軸交叉處出現了衡中飾,是一方形鼻紐,作用應當是便於捆縛車衡與車軸。衡末飾的式樣也趨於多樣化,最流行的為矛狀衡末飾,在各地出土的西周車上都有發現。矛狀衡末飾上有時還垂掛用貝、蚌串成的飾件,如長安張家坡的2號車上就是這樣。其餘的如北京琉璃河出土的以馬首、鳥首、龍首為造型,附帶有長長的彎管的,以及寶雞茹家莊出土的直套筒式的衡末飾,這些衡飾與轊飾一樣,都具有區域性特徵。在衡末飾與衡中飾之間,商代原來安裝獸面飾之處,西周經常以兩頭齒狀的筒形衡飾取代,這對於加固車衡起到一定作用(圖2-42)。

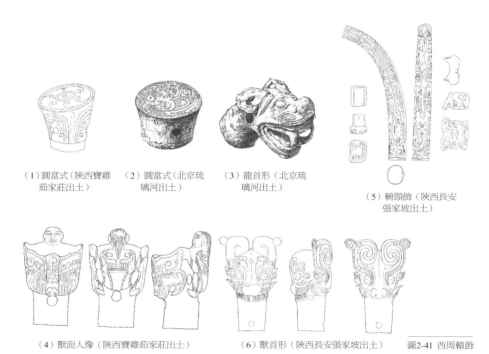

(1)圓當式(陝西寶雞　(2)圓當式(北京琉　(3)龍首形(北京琉
　　茹家莊出土)　　　　璃河出土)　　　　　璃河出土)

(5)轊頸飾(陝西長安
　　張家坡出土)

(4)獸面人像(陝西寶雞茹家莊出土)　　　　(6)獸首形(陝西長安張家坡出土)　　圖2-41 西周轊飾

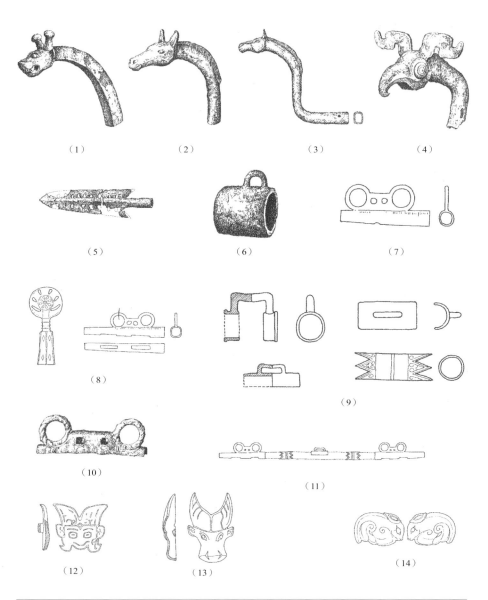

圖2-42　西周衡飾　（1）─（4）獸首衡末飾　（5）矛狀衡末飾　（6）筒形衡末飾（（1）─（6）均為北京琉璃河出土）　（7）─（11）衡飾（（7）─（9）陝西寶雞茹家莊出土　（10）北京琉璃河出土　（11）陝西寶雞茹家莊出土衡飾復原圖）　（12）（13）牛頭衡飾（陝西長安張家坡出土）　（14）兔形衡飾（江蘇丹徒出土）

衡上這時才開始使用純粹是裝飾的青銅飾件——鑾。鑾即「鑾鈴」，亦稱「鸞鈴」，崔豹《古今注・輿服》曰：「鸞口銜鈴，故謂之鑾鈴，今或謂鑾，或謂鸞，事一而義異也」。鑾上部呈扁球形，中空，正面開有放射形孔，內含銅丸，行車時會因風吹震動而發出響聲，下部為方銎，可以納入木座，以便於固定在車衡或車軛上（圖2-43）。鑾在諸多文獻中經常被提到，如《詩・大雅・韓奕》：「百兩彭彭，八鑾鏘鏘」。《詩・大雅・烝民》：「四牡騤騤，八鸞喈喈」，說明古人對它十分重視。鑾盛行於西周，在春秋戰國時已很少使用（圖2-44）。

軛的銅飾仍與商代相差無幾，但軛首與軛箍逐漸連成一體，軛肢多用木料直接做成，很少再像商代用青銅做外套。從河南濬縣辛村出土的一件軛上能很清楚地看出保存完整的木質部分，軛體由三根木頭組成，中間嵌一塊尖角形木楔，當木肢與木楔裝入銅軛箍後，上面的軛首向下壓入，壓力越大，進木楔就越深，設計與結構十分合理（圖2-45）。

軸末的飾件——書，在商代時已顯得較長，西周初期繼續加長，中期以後才逐漸縮短。在造型上，西周初期仍沿襲商代，以四出蕉葉形為主，中期以後變化漸趨複雜，以各種精緻的花紋為飾。

轄也不像商代那樣以木質為體、外罩銅質轄首，而全部改用青銅鑄造。轄首飾的造型

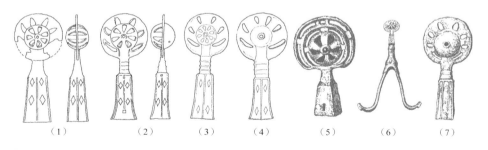

（1）　　　　（2）　　　（3）　　　（4）　　　（5）　　　（6）　　　（7）

圖2-43　各地出土的青銅鑾　（1）（2）河南洛陽老城中州路出土　（3）（4）陝西隴縣出土　（5）—（7）北京琉璃河出土

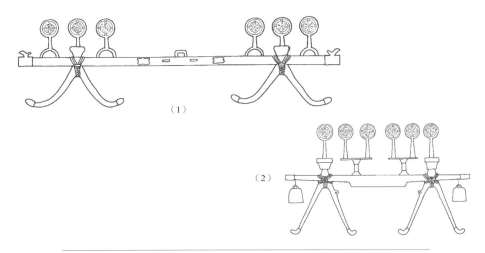

圖2-44　戰國鑾鈴裝置示意圖　（1）河南輝縣出土鑾裝置法　（2）河南淮陽出土鑾裝置法

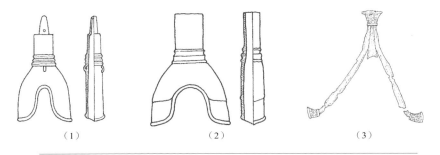

圖2-45　（1）（2）連軏箍式軏首（陝西寶雞茹家莊出土）　（3）車軏（河南浚縣辛村出土）

以獸面為主，有時也像轅首飾一樣採用人物形象（圖2-46）。車軨柱飾仍與商代郭家莊、老牛坡等車馬坑出土的方管形柱飾相同。寶雞茹家莊車馬坑還出土一種貼附於車門軨柱轉角上的拐形門飾，如果不是出土時仍處於原位，恐怕很難考定它的身份和作用（圖2-47）。

商周時期車上的銅飾件一般都鑄鐫花紋，很少有素面的。商代的紋飾以獸面紋、夔龍紋、雷紋等為主，西周時除了上述紋飾，還出現新的蟠螭紋、回紋、卷雲紋等紋飾。

由於西周車馬坑保存情況普遍較差，符合復原條件的整車資料很少，所以目前只能選擇寶雞茹家莊BRCH₃號車馬坑1號車作為對象（圖2-48（1））。陝西長安張家坡墓地的車馬坑雖然出土的數量較多，但沒有一輛是保存完整的，因此只能根據相關材料作一綜合復原圖以供參考（圖2-48（2））。

　　筆者在復原商周車的過程中，仔細研究了石璋如先生的復原圖，認為石先生的復原圖上明顯的錯誤表現在三處：一是車門的開設位置應在車後，先生在安陽小屯M40號車的復原圖上把車門開在前方缺乏根據，因為至今尚未發現一例（商至漢代）車門是開在輿前方的；二是商代的車上還未出現伏兔；三是商周車的車輪主要為干欄式，還未發現一例用荊

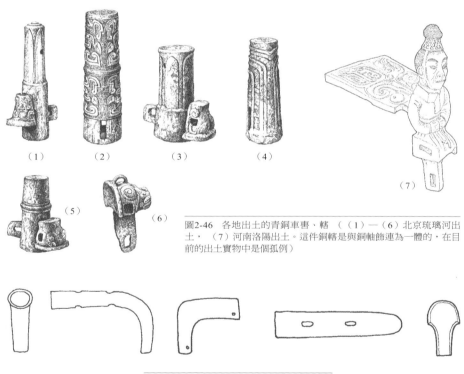

（1）　　　　（2）　　　　（3）　　　　（4）

（5）　　　　（6）

（7）

圖2-46　各地出土的青銅車專、轄　（（1）—（6）北京琉璃河出土，（7）河南洛陽出土。這件銅轄是與銅軸飾連為一體的，在目前的出土實物中是個孤例）

圖2-47　陝西寶雞茹家莊出土的青銅拐形門飾

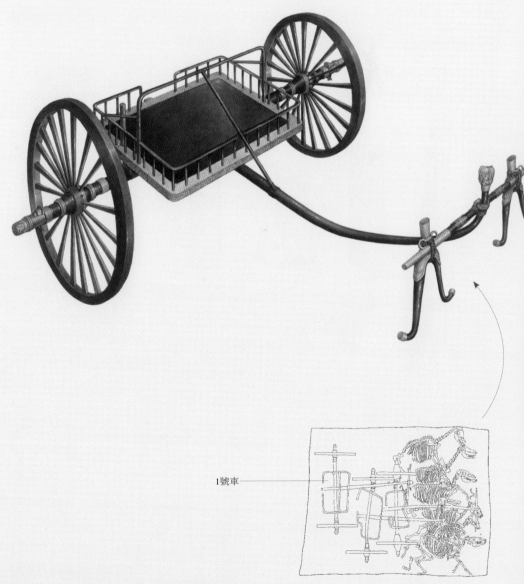

1號車

圖2-48（1）　陝西寶雞茹家莊BRCH₃號車馬坑1號車復原圖　　　　　　　　發掘現場平面圖

圖2-48（2） 陝西長安張家坡西周墓地車馬坑出土車綜合復原圖

或竹篾編成的輿欄，但發現好幾例用整塊木板做的車輪，先生很可能是把覆蓋在車馬上面或鋪在坑底的葬席痕跡錯當成輿軨痕跡了。至於軏下的皮套也不符合實際，這方面在論及馬具時再做分析（參見圖1-3、圖1-4）。

在復原過程中碰到另外一個比較重要的問題是：軥與衡，軸與軥，軫，伏兔與軸，軏與衡的連接方法問題。秦始皇陵銅馬車上按原型塑造的革帶縛結方法告訴我們，這些地方應全部是用皮革捆縛的，捆縛木車的皮革古時稱作「鞢」，《說文解字·革部》曰：「曲轅鞢縛，直轅轟縛」。段玉裁注曰：「鞢之言欕也，以革縛之，凡五」。如果說商周車不一定會採用革帶捆縛的方法，那麼，在商周車馬坑中出土的很多車衡小飾件或許能間接地說明一些問題。這些小飾件背面都有一個小環紐，這種紐是用來穿捆縛的皮條的。連如此小的飾件都用皮條或繩索捆縛，那麼沒有理由否定大的結構也會採用同樣方法。事實上在寶雞茹家莊車馬坑的發掘報告中，幾處提到如軥與衡、軸與軥相交處有皮條捆縛的痕跡。皮革比木料更易腐爛，留下的痕跡也更難辨識，所以在商周車馬坑的發掘中都未提及，這也是合理的，而在戰國與漢代的車馬坑發掘報告中談到之處就明顯增多了。

對商周車進行復原還遇到車的色彩問題。書中復原圖上商周車的顏色都是根據發掘報告中說明的出土時發現的漆皮顏色來定的，春秋至漢車的顏色也是這樣定的。木車在造好後都要髹漆，多層髹漆在木車表面會結成很厚的漆膜，千百年後埋入土中的木質部分往往朽腐成粉塵，而面上的漆皮卻依然鮮豔如新。所以在剝剔車結構時，最先往往從殘存的漆皮上進行辨認。如安陽郭家莊、寶雞茹家莊出土的車上都有保存較好的漆皮，有時在大片漆皮上還能看出彩繪紋飾。

春秋戰國車的出土與復原

春秋戰國是中國歷史上最輝煌的時期之一。中國古代卓越的思想家、政治家、科學家、軍事家和具有深遠影響的哲學、政治、軍事思想體系與文學藝術作品大都產生於這一

圖2-49　春秋時期宮廷貴族舉行射禮示意圖

時期，這是一個集大成、承前啟後的變革時期（圖2-49），表現在車輿的發展方面亦是如此。車從最初的運載工具逐步成為作戰的器具，進而又成為社會等級的標誌、禮樂制度的重要組成部分，至春秋戰國之際，又一躍成為戰爭的最主要裝備，其數量往往是衡量國勢強弱的一個重要標準，而同時原有的政治地位也絲毫未降低，其受重視的程度達到了歷史最高峰。

　　由於在政治、軍事活動中所起的重要作用，春秋戰國時期的車明顯地具有用途專門化的趨向，在形制結構等方面發生了一系列變化：有的側重靈便輕巧，有的着意堅固結實，有的追求舒適豪華，有的完全經濟實用。

　　提供上述情況的資料同樣也來源於這一時期已出土的車馬坑。春秋戰國時期的車馬坑絕大多數都是類似浚縣辛村的大型車馬坑，一些諸侯國君的陪葬坑規模更是大得驚人，僭

圖2-50　戰國時期魏韓爭戰，齊將軍孫臏指揮齊軍在馬陵道伏擊魏軍，使魏將龐涓戰死，全軍覆滅。

制現象十分突出，反映出他們要與周天子分庭抗禮的政治野心（圖2-50）。

　　第一批春秋早期的車馬坑是1956年在河南三門峽上村嶺發現的，經考證為虢國貴族墓的陪葬坑，共有三座，編號為1727、1051和1811。

　　1727號車馬坑共埋車五輛，馬十匹，馬被殺死後入葬，每輛車下壓兩匹。車與馬排列整齊，整座車馬坑保存完整，五輛車除一輛被近代墓葬部分擾亂外，其餘都被完整地清理

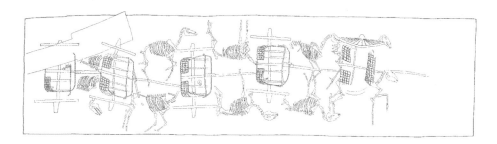

圖2-51　河南三門峽上村嶺虢國墓地1727號車馬坑平面圖

圖2-52　河南三門峽上村嶺虢國墓地1727號車馬坑4號車復原圖（轂飾、車書取自同地其他墓出土實物）

剥剔出來（圖2-51、圖2-52）。[25]只是整個葬坑中未發現一件銅車飾和馬具，這一現象是該時代比較明顯的特徵，隨葬的車、馬上所有的銅飾件、馬器都被取下，集中葬入墓主的槨室中，但其數量與隨葬的車馬經常是不相符合的，可能僅僅是象徵性地埋葬一些。或許這也反映大量用車後，青銅車馬器出現了供需緊張的狀況，已不再隨便作為陪葬品埋入地下了。1727號車馬坑發掘清理工作結束後，在郭沫若先生的建議下予以原地原狀保護，現已建成博物館，是中國第一座公開展出的古代車馬坑。

1051號車馬坑共埋10輛車、20匹馬，排列方法與1727號略有不同，前後分成三組，前兩組各三輛車，第三組有四輛車，每組內的車都靠得很近，組與組之間則相距較遠，馬的放置亦不如1727號整齊，不過坑內還留有少量青銅車馬器件，但大都不配套。這座車馬坑的保存情況遠遜於1727號，除了根據部分輪輿的殘跡可以推知其大致尺寸外，輿上和其他一些主要結構都模糊不清，殘缺不全（圖2-53）。

1811號車馬坑與1051號相同，也有10輛車、20匹馬，但排列方法又是一種，車集中在坑的中部和北部，馬則部分壓在車下，部分集中在坑南部，各車的結構據發掘報告稱與1727號的基本相同。

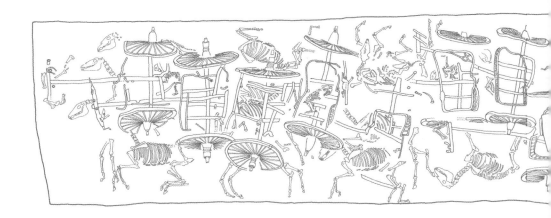

圖2-53　河南三門峽上村嶺虢國墓地1051號車馬坑平面圖

　　從1990年起至1999年止，虢國墓地進行了第二次大規模的考古發掘，在這次長達九年的清理發掘中，又出土了四座車馬坑，編號為M2001CHMK1、M2012CHMK2、M2001CHMK3、M2013CHMK4。四座車馬坑中，除了M2001CHMK3只清理出東側部分車輪遺跡而沒有繼續發掘外，其餘三座或被盜掘，或被現代墓葬破壞，都有損失。M2001CHMK1號車馬坑內共清理出車13輛，以1號與7號車保存最為完好（圖2-54）。M2012CHMK2號坑共清理出19輛車，但只有15號車狀態較佳，其餘不是被毀壞，就是因相互疊壓而嚴重變形（圖2-55、圖2-56）。從平面圖上可以看出，這兩座車馬坑內的車，車廂的輿軨與商周時期的很接近（個別除外），比1956年出土的車的輿軨在結構上顯得較

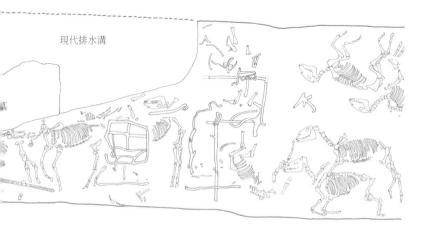

現代排水溝

圖2-54　河南三門峽上村嶺虢國墓地M2001CHMK1號車馬坑平面圖

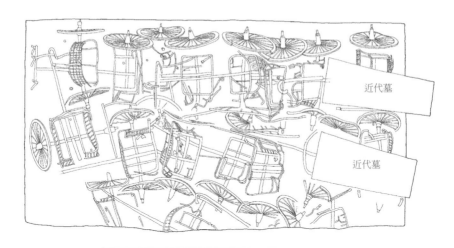

圖2-55 河南三門峽上村嶺虢國墓地M2012CHMK2號車馬坑平面圖

為簡陋（參見圖2-51）。M2013CHMK4號坑因發掘報告中沒有介紹，故情況不明。[26]

繼河南虢國墓地發掘之後，在山西、山東也發現了數座春秋時期的車馬坑。

山西侯馬市上馬村附近的上馬墓地是巨大的古墓區，從1959年開始，有關部門對墓地前後進行了13次發掘，發掘古墓達一千三百餘座，其中有三座春秋中期的車馬坑，編號為1、2、3。三座車馬坑相距很近，都是長方形坑，1、3號坑內各埋三輛車，2號坑內有五輛車，車與馬都分開放置，馬坑比車坑要深，馬是殺死後疊壓放置的，為了保護車跡不受損害，馬骨未全部清理，故馬的實際數量不清。車排列很整齊，都是車廂緊挨着車廂，車軸有的壓在前面的車廂下，有的擱在車廂上，靠近馬坑的車軸則直伸到馬骨之上。三座車馬坑除2號坑口地表遭到嚴重破壞，使五輛車的車輿上部痕跡不同程度地被毀之外，與河南三門峽上村嶺虢國墓地車馬坑一樣，除個別車輛上留有少數的青銅、骨製車飾件外，大部分馬具、車器都被拆掉。值得一提的是，3號車馬坑還發現一輛（3號車）外表不髹漆、輿底不鋪設廂板、製造工藝簡陋粗糙的車的痕跡，這種車很可能是純粹作為陪葬品而非實用的明器，這在先秦墓葬發掘資料中是很少見的。

圖2-56　河南三門峽上村嶺虢國墓地M2012CHMK2號車馬坑15號車復原圖（轂飾、車書、軛飾取自同坑其他車，或同地其他墓出土實物）

發掘簡報中還明確指出三座車馬坑中2號坑的車製造最精細，裝飾也最華麗，為1、3號坑所無法比擬，可惜大都遭到破壞，痕跡殘缺不全，不能將它們復原出來了，本書中現在復原的幾輛都是1、3號坑中資料比較完整的車（圖2-57、圖2-58、圖2-59）。[27]

與山西侯馬市上馬村墓地車馬坑同屬一個時期的山東臨淄後李車馬坑是1990年在修建青濟高速公路、清理淄河店墓地時發現的，編號1、2。兩座車馬坑南北相對排列，1號坑內共有10輛車、32匹馬，其中六輛車各用四匹馬駕輓，其餘的車各用兩匹馬駕輓。2號坑

（1）

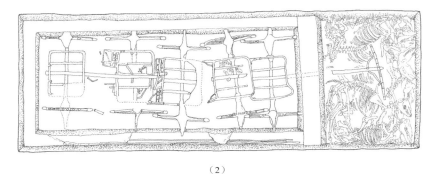

（2）

圖2-57 （1）山西侯馬市上馬村墓地1號車馬坑平面圖 （2）山西侯馬上馬墓地2號車馬坑平面圖

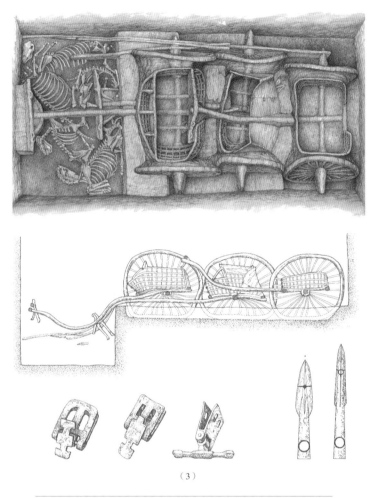

圖2-57 （3）山西侯馬上馬墓地3號車馬坑平面、剖面圖及出土的青銅器

因車馬上下層分葬，且馬在上，車在下，故只清理出馬骨，車至今還埋於地下沒有發掘清理，根據馬骨數推算至少應有三輛車。這兩座車馬坑保存情況都很好，1號坑的10輛車經清理剝剔後全部面世。與上幾座不同的是，車的銅飾與馬具都未取下，出土時都在原來的

圖2-58　山西侯馬市上馬村墓地1號車馬坑1號車復原圖（坐凳根據發掘報告所述，加以推測畫出，車書取自同地其他墓實物，車轅飾取自2號車馬坑出土實物、裝置位置）

圖2-59 山西侯馬市上馬村墓地3號車馬坑2號車復原圖（車輿、轅飾取自同地其他墓出土實物）

地方，其中精美的馬飾尤為引人關注。由於這座車馬坑保持了最完整的原始狀態，所以對研究春秋時代的車制，特別是車的駕輓方法具有重要的參考價值（圖2-60）。

現在這座車馬坑已被原地保存，並在此基礎上建立了全國第一座古車博物館，館內陳列了商至明代的各個時期復原古車19輛以及車馬具的複製品和有關車的文物、繪畫作品等。筆者曾兩次前往參觀，得益匪淺。遺憾的是1號車馬坑的發掘報告至今沒有公開發表，有關的詳細資料、現場平面圖也因此不能收錄在本書中。

山西臨猗（現屬運城市）是古代通往關中地區的交通要道，歷來為兵家必爭之地。

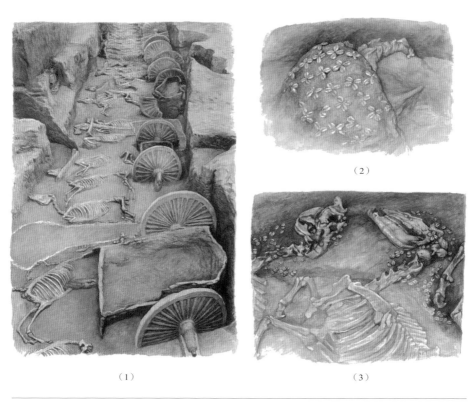

（1）

（2）

（3）

圖2-60 （1）山東臨淄後李1號車馬坑俯視圖 （2）山東臨淄後李1號車馬坑海貝轡飾出土現狀 （3）山東臨淄後李1號車馬坑海貝飾馬籠嘴出土現狀

圖2-60 （4）山東臨淄後李1號車馬坑殉車綜合復原圖

1987年秋至1988年冬，在臨猗程村附近發現大批的春秋時期的墓葬，共清理出八座車馬坑，編號為M1009、M1058、M0026、M1076、M1061、M1063、M1065，其中M0026、M0027、M1061、M1063都遭到不同程度的破壞，有的幾乎破壞殆盡。這八座車馬坑內埋葬的車數一至五輛的都有。保存最完整的是M1009車馬坑，內有12匹馬，馬全部堆放在馬坑內，五輛車呈一排排列其後。這八座車馬坑經考古人員的精心清理，使春秋時期的古車結構和技術都得以破解，詳情請閱《臨猗程村墓地》一書（圖2-61）。[28]

山西太原南郊的晉源鎮一帶，是春秋時期晉國的都城——晉陽的遺址，遺址兩側沿呂梁山脈南北二十餘公里的範圍內是晉陽古城的墓葬區。

1988年在墓區內金勝村的晉國趙卿墓旁發掘了一座大型車馬坑。據考證，該車馬坑屬

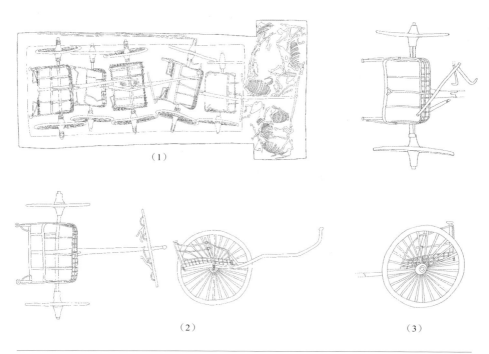

（1）

（2）   （3）

圖2-61 （1）山西臨猗程村墓地M1009車馬坑平面圖 （2）M1058車馬坑1號車俯視、側視圖 （3）M1058車馬坑3號車俯視、側視圖

墓主——春秋晚期晉國地位顯赫的正卿趙簡子趙鞅的隨葬墓，所以級別很高。

坑為直角曲尺形，馬集中放置在坑的狹長橫坑內，車分兩排置於長方形的豎坑內。車坑原本保存完好，但在發掘之初清理車坑上疊壓的唐代墓葬時不慎將部分遺跡挖去，所以現在出土的完整車輛痕跡只有七輛，部分殘缺的有六輛，遺跡基本全毀掉的可能還有三輛，估計總數不超過16輛。雖然遭受了一定程度的破壞，但所清理出來的遺跡是古車發掘有史以來狀態最好、最為清晰的一批，車與車分兩排相接排列，前面的車廂壓在後面的車軌上，右排的車轂夾於左排的車輪之間，只是所有的銅車飾件全部被拆去；車出土時殘餘的漆皮顏色如新，有的還能看出用紅、黃、黑等色彩畫的三角、「人」字形、菱形等幾何紋飾；大部分車的輪、輿都沒有變形，輿、軑等細部結構歷歷在目。痕跡能保持如此完好應歸功於那些無名的埋葬者，他們挖掘車馬坑、放置車輛和填土的認真負責態度是其他車馬坑的埋葬者所不及的（圖2-62）。

為了保護收藏這座珍貴的車馬坑，考慮整體搬遷時的便利，故在發掘時只清理了車廂上部和車輪，兩車相連處和車廂以下部分都未深入解剖，所以目前公布的資料中涉及軸衡、軛、軸、伏兔等都缺失，因此這批最值得復原的車仍因材料不齊而暫時不能復原。[29]

山西曲沃晉侯墓地的發掘是中國20世紀商周考古的一件大事，被列為20世紀中國考古百項重大發現之一，在學術界引起強烈反響。

曲沃墓地從1992—2001年共發現10座車馬坑，其中2006年發掘的1號車馬坑是晉侯墓地中面積最大的車馬坑。坑內葬有馬105匹，集中堆放在馬坑內，車48輛，分五排自西向東依次疊壓，排列整齊緊密。在這座坑內發現數輛車廂外側有大面積彩繪的乘車（圖2-63（1））和裝有青銅甲板的戰車（圖2-63（2））。

筆者有幸受山西考古研究所邀請考察了正在發掘中的該車馬坑，當親眼目睹了廂板上的精美彩繪，不禁為2800多年前的這些藝術珍品的完美、亮麗而感到震驚，筆者用了半天的時間現場描繪了21號車後廂車門的彩繪，其興奮之情至今難忘。在這座車馬坑之前的材

圖2-62　山西太原金勝村晉國趙卿墓車馬坑平面圖

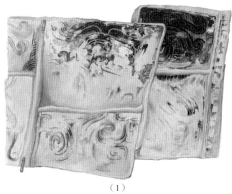

（1）

（2）

圖2-63　（1）山西曲沃晉侯墓地1號車馬坑21號車後廂車門彩繪（作者現場描摹）（2）山西晉侯墓地1號車馬坑11號車左側輿軨上的青銅甲（現場寫生）

料中，春秋以前車軨外側的廂板上彩繪和掛裝青銅甲板都還沒有發現，只在其後的戰國車上頻繁出現，曲沃的「彩車」和「裝甲車」的出土，無疑表明了春秋時期古車的裝飾與裝備就已達到了此等水平。[30]

戰國車馬坑的發掘材料很豐富也很精彩。

首批資料來自河南輝縣琉璃閣，這是1950年突破剝剔技術難關後成功發掘的第一座大型車馬坑，編號131。葬式與山西金勝村車馬坑相同，馬集中堆放在狹長的小坑內，車分兩排，軸的轅、踵相接，共有19輛。從車輿平面痕跡觀察，可分為大型、小型及車廂狹長的特種型車三種。車全都髹漆，從發掘一開始就是根據粘在土中的漆皮來分辨痕跡的。這座車馬坑被盜掘過，同時還有數座漢墓疊壓其上，所以部分車的痕跡已遭破壞，清理出的車除少數留有少量的銅飾件外，其餘都被拆除了（圖2-64（1））。19輛車中1、5、6、16、17號車痕跡完整清晰，著名考古學家夏鼐先生曾組織專門研究人員對這五輛車進行復原，並製作了立體模型，但所復原出的車上的某些細節如果用現在的資料進行對照，仍存在不少需商榷之處（圖2-64（2））。[31]

1972年在河南洛陽老城中州路也發掘出一座車馬坑，編號M19。這座車馬坑由於長期壓在西漢房基下，所以大部分車痕都成餅狀，貼伏在地上，只有兩個車輪的下半部因放置在車坑輪槽內才沒被壓平，但仍然能清楚分辨痕跡。這輛車的車廂前部結構很特別，輇木成山字形彎曲，上面纏有藤條，所有的青銅飾件都基本保持在原位，銅飾表面有錯金銀紋飾，製作精緻。覆於車廂上面的圓形車蓋痕跡完整、清晰，蓋弓帽與蓋弓呈放射形分布，繩索編織的方格網傘蓋面也依稀可辨，有兩處還保留了傘蓋面上油漆彩繪的圖案。這是自北京琉璃河、河南輝縣之後第三次發掘出的確定無疑的車傘蓋，其痕跡的完整、清晰程度全都超過了在北京琉璃河與河南輝縣所發現的痕跡（圖2-65）。[32]

河北省平山縣三汲鄉一帶是春秋戰國時期的古墓區，1974年在這裏發掘出戰國晚期的中山國的國君嚳的陵寢。中山國是當時的千乘小國，嚳是中山國鼎盛期的國君，但名不見於史籍。嚳墓規模宏大，出土器物的豐富精美現已聞名全世界。在王墓的前方東西兩側，

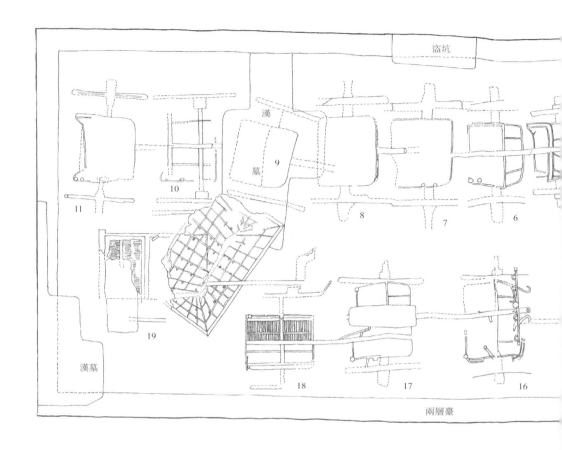

發掘出兩座大型車馬陪葬坑，編號為1、2。這兩座車馬坑葬式特別，坑的兩壁用巨型方木做柱，柱上架以橫樑做成坑頂，頂上再排放兩層圓木，然後再填土，構築方法一如墓室。兩座長方形坑都在中間用木樑分隔出車室與馬室，車輛與馬屍分置其間，馬頭還統一攔在一根長木上，其情形可能表示馬像生前一樣拴在馬廄裏。1號車馬坑遭到嚴重盜掘，清理現場時發現有13個盜洞，在馬室中有12架馬骨，部分馬骨被擾亂，馬頭處殘留有一些銅馬飾，車室中除留下零星的青銅小車飾外，其他器物被洗劫一空，車的痕跡也蕩然無存，只能從殘留於地上的少量漆皮，參照殉馬數和2號車馬坑的情況約略估計原來可能放置了

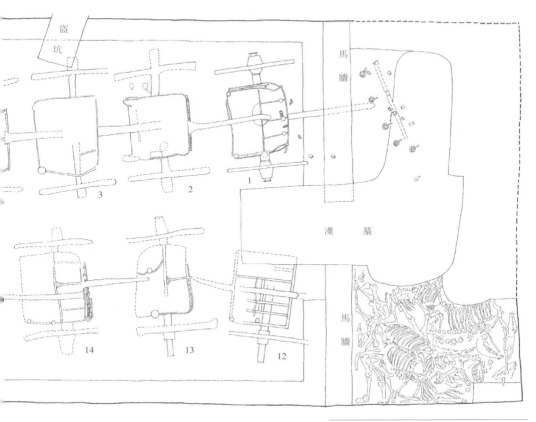

圖2-64 （1）河南輝縣琉璃閣戰國車馬坑平面圖

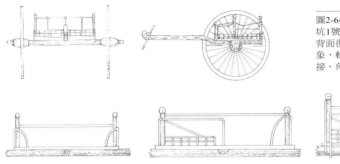

圖2-64 （2）河南輝縣琉璃閣車馬坑1號、3號、7號、11號車的車廂背面復原圖，復原圖中軸的彎曲形象，軾的結構，軨木、軸、軸的連接，角柱頭的形象均值得討論。

圖2-65　河南洛陽老城中州路M19號戰國車馬坑平面圖（圖中的傘蓋面漆繪殘片是根據發掘
　　　　報告補繪到平面圖上去的，可能有誤）

三至四輛車。2號車馬坑未遭破壞，內葬馬12匹，車四輛，馬頭骨上有少量銅絡飾，馬身上無其他遺物。車的周圍放有車帳撐杆和其他器物，每輛車中都配有弩、鏃、劍、鉞、戈等兵器，車上的金、銀、銅車器車飾造型獨特、華美精巧。2、4號車的車軨上還掛有銀珠穿成的或絲帶編織的菱格網飾，3號車上還配有指揮作戰用的號器——鐃。大量兵器、軍帳、鐃等軍用物品表明2號車馬坑中的車可能都是譽生前參與軍事活動的用車。令人歎息的是，這座車馬坑不是直接填土的，所有物品都置於中空的室內，據發掘報告介紹，清理時發現各種痕跡相互重疊，多數物品都有移位現象，特別是車輿遺跡多已變形——有的上面疊壓軍帳、車傘蓋，有的在坑壁坍塌時受到掉落的泥土壓砸——現場已很難準確辨識車的痕跡，只能依靠基本還處於原位的車飾、車器和尚屬清楚的車痕大體描繪、測量出各車的形象與尺寸。[33]

嚴格說這些材料只能供參考用，其準確性與真實性絕不能與山西金勝村、上馬墓地的材料相比擬（圖2-66、圖2-67）。

河南淮陽是戰國後期楚國舊都被秦攻破後君臣逃往陳地所建的新都。1981年在今縣城附近的馬鞍塚發掘出楚頃襄王的兩座大型陪葬車馬坑。

1號坑內葬有車8輛，馬24匹，2號坑內葬有車23輛，泥塑馬數十匹，這是先秦車馬坑中第一次發現用泥馬替代真馬，為秦漢以後的葬俗變革開了先例。這兩座車馬坑都保存完好，未遭盜掘，車的痕跡也很清楚，所有的銅鐵車器飾件都留在車上未拆除。31輛車形制各異：有車主、馭手分室而居的安車（如同秦始皇陵銅車馬坑出土的2號車）；有輪輿尺寸特小的，似為兒童遊戲用的小車；還有在輿軨外側安裝青銅甲板的戰車。有些車的車廂結構與造型已明顯不同於中期之前的車制。兩座車馬坑出土了很多製作考究的錯金銀銅車飾，其代表作是錯金銀龍首轄飾，具有很高的藝術價值。

2號車馬坑內還發現了六面旗杆長達6米，旗面上綴有貝殼的旌旗，是至今發掘的墓葬中唯一見到的旗幟真跡（圖2-68、圖2-69）。

馬鞍塚的發掘材料至今也沒有整理出版，[34]數年前我曾得到河南省文化廳與河南省

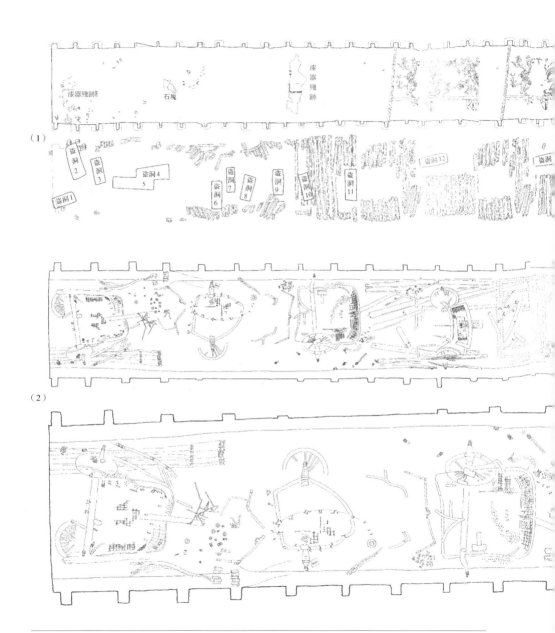

（1）

（2）

圖2-66 （1）河北省平山縣中山王礜墓大型車馬陪葬坑1號車馬坑與坑頂清理現場平面圖 （2）河北省平山縣中山王礜墓2號車馬坑平面圖

圖2-67 河北省平山縣中山譽墓2號車馬坑2號車復原圖（車上的傘蓋、車軾前的封閉方法與彩繪是作者根據出土實物、遺跡等推測、想像繪製出來的）

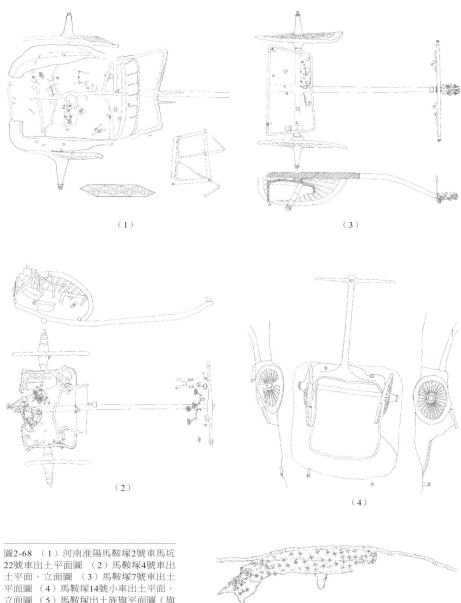

（1）　　　　　　　　　　　　　　　　　（3）

（2）　　　　　　　　　　　　　　　　　（4）

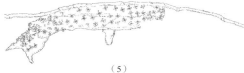

圖2-68　（1）河南淮陽馬鞍塚2號車馬坑
22號車出土平面圖　（2）馬鞍塚4號車出
土平面、立面圖　（3）馬鞍塚7號車出土
平面圖　（4）馬鞍塚14號小車出土平面、
立面圖　（5）馬鞍塚出土旌旗平面圖（旗
共六面，旗面飾海貝，旗杆長6米）

（5）

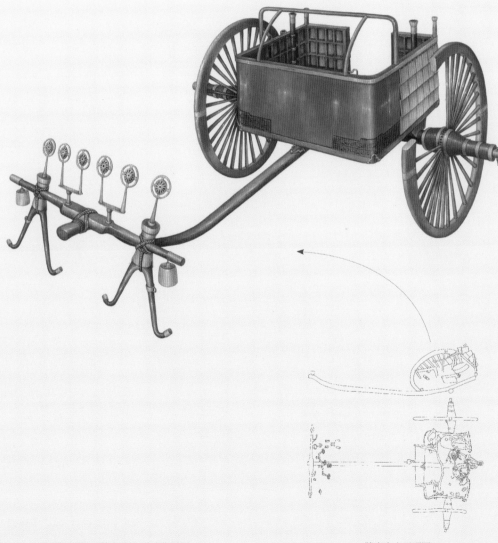

圖2-69　河南淮陽馬鞍塚2號車馬坑4號車復原圖　　　　　　　　　　4號車出土平面圖

考古研究所的幫助，看到過部分發掘記錄，但全部詳情還不甚了解，在此只能將最有代表性的材料做一些介紹。

湖北荊州是久負盛名的軍事重鎮，距今荊州城六公里處的紀南城遺址，是當時楚國的郢都所在地，在遺址周圍現有楚墓數千座。

1982年在紀南第二磚瓦廠（原名江陵九店公社磚瓦廠）取土區內發掘出一座車馬坑，編號M104，內有二車四馬。其中1號車保存極差，僅能辨識出軸和右軛；2號車的車輿後半部與車輪上半部被壓扁，部分遭毀，但保留下來的痕跡卻很清楚，各處結構都能復原，這輛車除了車害被拆去外，其餘的銅車飾都保留在原處，輿軨的兩側還裝有四個銅壁插，這是在商周以來的其他車上所未見的。2號車清理完畢後灌製了石膏模型，筆者在考古所紀南工作站韓楚文先生的熱情幫助下看到了印模，並閱讀到韓先生參與編寫的江陵九店發掘報告，進一步全面了解了這座車馬坑的詳情（圖2-70、圖2-71）。[35]

湖北宜城縣一帶是戰國時楚國的陪都，1988年當地農民在住所門口挖石灰坑時挖出兩件銅車飾，宜城博物館聞訊後前往探查，結果發現這裏是楚墓區，從中發掘出一座車馬坑，編號M1CH，坑內有車七輛，馬18匹。坑為長方形，車一字排開，其中五輛車各配兩

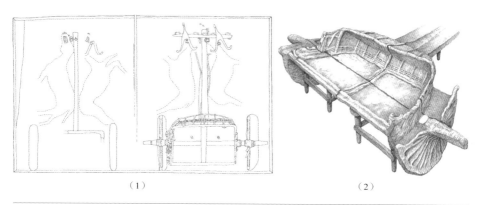

（1）　　　　　　　　　　　　　　（2）

圖2-70　（1）湖北江陵九店M104號車馬坑平面圖　（2）湖北江陵九店2號車車輿石膏印模（根據分塊模照片組合繪製）

圖2-71　湖北江陵九店M104號車馬坑2號車復原圖（車軎與坐席取自同一地區其他墓出土實物）

匹馬，兩輛車各配四匹馬。由於封土堆壓，車的痕跡已貼伏於地，但1、2、4號車的痕跡還較清晰，特別是4號車保存最完整，全車的主要結構都被剝剔剖析出來。另四輛車保存較差，如3號車是唯一留有銅車飾的，但在清理前飾件已被村民取出，原來所處的準確位置已無法確認，而6、7號車僅能辨識車的大致輪廓，細部痕跡全都模糊不清。[36]

這座車馬坑也灌製了石膏模型，經加工着色後陳列在宜城縣博物館，我曾前往參觀，感覺這個模型在質感上、清晰度上都不盡如人意（圖2-72、圖2-73）。

1990年在山東淄博市臨淄區齊陵鎮淄河店村南發掘出後李春秋車馬坑的同時，還於墓地東北部的2號墓內發現有殉葬的車馬。這些車都是拆散後分置在墓室東西兩側的二層臺上，共有車輪46個，都靠墓壁堆放，輿、軸22架，部分與輪疊壓（圖2-74（1））。該墓處於斷崖的坡地上，墓上充填的是乾燥而又堅硬的紅黏土，輪、輿等木製品腐朽後在填土上留下了猶如模坯一般的空洞，對這些空洞灌注石膏後得到的幾乎是完整的原型標本，這樣，許多車部件得以準確復原。

復原出來的部件組合成的車共分三類：第一類車輿較小，用革帶編成輿底，有車軾，這類車可能屬於田獵、作戰用車；第二類車輿較大，用細棕繩編成輿底，無車軾，這類車似為乘車；第三類車輿為豎長方形，既無車門也無車軾，輿底鋪以細竹竿，輿軨外側還留有圍捆葦席的痕跡，這類車與後李的豎長方形車輿相同，可能是運輸車。[37]

這三類車都被製成復原模型車，現陳列於山東臨淄古車博物館內。筆者根據模型車畫了兩張復原圖附於本章之後以供參考（參見圖2-75（1）、（2））。

河南洛陽是東周都城，2002年洛陽市興建王城廣場，為配合市政建設，在原王城遺址的東部發掘清理了七座陪葬車馬坑，根據規模，分為大、中、小三類型，其中小、大型各一座，中型五座，編號分別為LK3、ZK2、ZK7、XK8、XK9、XK10、ZK5，這七座車馬坑除少數未遭破壞，大多受到程度不同的毀損，車的遺跡保存情況也較差，但其中的ZK5大型車馬坑內發現了一輛駕有六匹馬的天子級別的車，可惜車上的很多青銅飾件都已拆

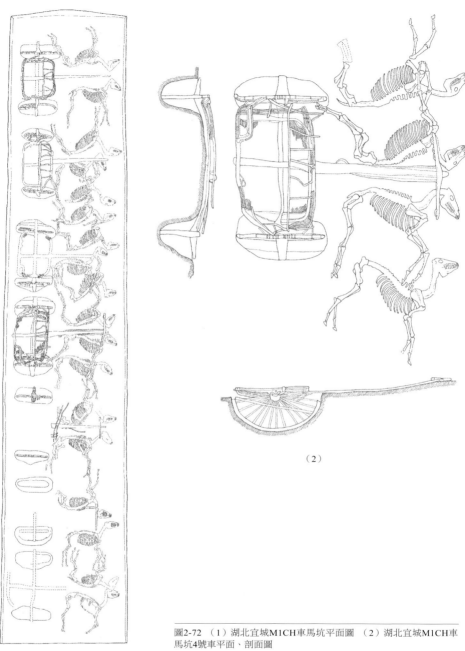

（1）

（2）

圖2-72 （1）湖北宜城M1CH車馬坑平面圖 （2）湖北宜城M1CH車馬坑4號車平面、剖面圖

圖2-73　湖北宜城M1CH號車馬坑4號車復原圖（車輿亦取自同一地區其他墓出土實物）

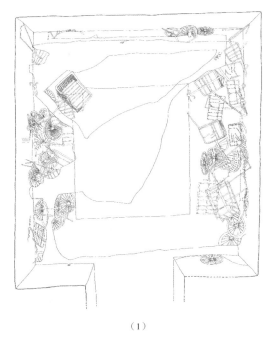

（1）

（3）

（2）

圖2-74 （1）山東臨淄淄河店2號戰國墓隨葬車輿、車輪分布平面圖 （2）河南洛陽王城廣場東周墓ZK5車馬坑西2號車遺跡 （3）甘肅馬家塬戰國墓地3號墓室殉車彩繪與車輪裝飾

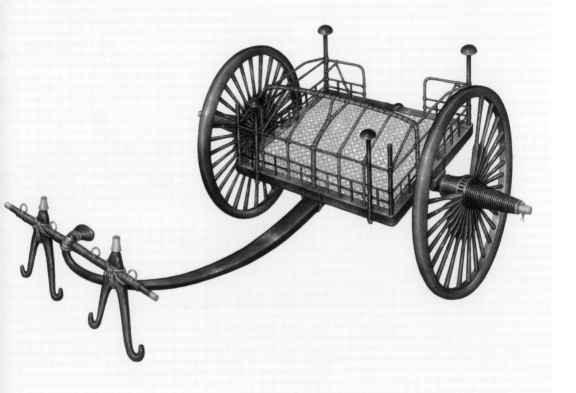

圖2-75（1） 山東臨淄淄河店2號墓出土15號車復原圖

圖2-75（2） 山東臨淄淄河店2號墓出土11號車復原圖

除，車的痕跡也模糊不清，扭曲變形，無從識別它當初的形象（參見圖2-74（2））。[38]

　　同年，在湖北棗陽九連墩楚國貴族墓地發掘出的1號車馬坑，該坑隨葬車輛南北向雙排橫列，共有車33乘，馬72匹，處於坑中部的13號車也是六駕天子之乘。[39]

　　最近的重要發現來自甘肅省張家川馬家塬的戰國墓地，在這個偏僻的小山村地底下，埋藏着戰國晚期戎族部落酋長的家族墓地，由於猖獗的盜墓活動引起當地公安和文物管理部門的重視，通過抓捕收繳和搶救性發掘，出土了一大批稀世珍寶，其中最重要的發現是極盡奢華的馬車，這些車不像其他地區是專門埋在車馬坑內，而是隨葬在墓主的墓室之內，3號墓室內的一輛車，不僅在木製車輪外側的廂板上有精美的彩繪，而且在車輪、車廂板上還裝飾有繁複的三角形、方形的鏤空銅飾，錯金銀的鐵條和金、銀箔花、動物及飾件，其豪華程度與河北省平山縣中山王𰯼墓的車相比，有過之而無不及（圖2-74（3））。[40]

　　零星的發現還有：1983年3月至1984年年初在陝西鳳翔馬家莊發現兩座戰國車坑，編號為K121、K17，K121遭到嚴重破壞，除遺留少量的青銅車飾外，遺跡無存，K17坑內出土了一輛車，這輛車的大部分車輿、車軨和一個車輪的痕跡也已被毀，剩下的車輪、輿軨、軨、衡和軛能大致反映出車的面貌。車軨轅部像山東臨淄淄河店2號戰國墓隨葬的車一樣，成鈎形向上彎捲，三角形轅平面上釘有三個金異獸飾，裝飾甚為獨特，坑內出土的車馬器全為金器，估計原來也是一輛頗為華貴的車。此車的輪軌寬度、車廂的面積雖然與其他地區的車差不多，但車輪特別小，直徑只有其他車的一半。小車輪的車除了河南淮陽出土過，還有河北省平山縣中山王𰯼墓2號車馬坑的四輛車也是，根據參與發掘的專家分析，這四輛車車輪小的原因可能是中山國地處丘陵地帶，為了便於車上下陡坡要適當降低車的重心，否則會因重心過高而降低穩定性使行車發生危險。此處車輪小是否也出於同一原因，或許僅是一輛遊戲車或是用人力牽輓的輦車，現在已不得而知了（圖2-76）。[41]

　　上述材料基本概括了春秋戰國時期車的考古成果，豐富的實例反映出這一時期車馬坑的保存情況普遍要比商周（特別是周代）好，完整的車制遺跡，較為準確的尺寸資料等有利於研究的實物資料較多，用這些材料與商周時代的進行比較後不難發現，車發展到這一

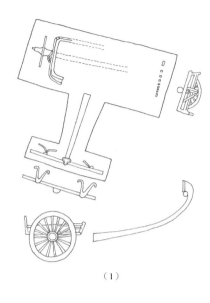

（1）

（2）

圖2-76 （1）陝西鳳翔馬家莊1號建築遺址出土車平面圖 （2）陝西鳳翔馬家莊1號建築遺址出土金異獸轅首飾

時期又有了新的變化與特點。

這一時期車廂的面積越來越大，擴大的部分主要是在前後進深上，車廂的平面形狀已差不多接近方形，少數特大型的車廂還呈豎長方形。輿的四角，更多的是軾前兩角大都做成圓形，輿底根據車的不同用途分別選用不同材料編織、鋪設，很少再用木板鋪就。戰國後期還出現了秦始皇陵銅車馬坑出土的2號銅車那種乘、馭分室的，封閉的廂式新車型，為秦漢以後的車制變革開闢了新思路。

在這一時期內還出現了車廂的面積逐步在擴大而輪間的軌距慢慢在縮小的現象，這說明車的整體結構已更加合理、完美。不僅車軸變短，車轂也有所收縮、變小，輪內側與輿軨間的距離也在拉近，用於保護車軸的軸飾這時變成了一塊橢圓形的平面銅蓋板，用釘固定在軸上或軫木與伏兔的接合部（圖2-77）。

車衡重又成為直衡，曲衡已不復流行，衡中飾、矛狀衡飾也都不再使用，衡上的車軛

圖2-77　河南輝縣琉璃閣131號車馬坑出土錯金銀軸飾

圖2-78　湖北江陵九店戰國車馬坑出土車衡木轙、木軛遺跡石膏印模

有時用木材燊製以取代銅製品。軛也全部改用木材製作，只在軛首與軛軥處套有銅飾（圖2-78）。改變最明顯的是車轂的加固方法，銅軹、銅軧等青銅加固件這時已很少再使用，絕大多數車改用一種在轂表面纏裹皮筋後再塗膠加固的新技術，這種技術在《周禮‧冬官考工記‧輪人》裏有詳細的記載。山西太原金勝村，河北省平山縣中山王𰋾墓，湖北江陵九店、宜城等地出土的車，都發現很清楚的用上述方法加固車轂的遺跡（圖2-79）。

太原市文物管理委員會的渠川福先生曾參與金勝村車馬坑的發掘工作，他在〈太原晉國趙卿墓車馬坑與東周車制散論〉一文中詳細描寫了這一工藝的過程，解釋了《考工記》的文字：「首先要在轂面（軹部）琢刻等距離的環槽，其標準是與轂軸線相垂直，此謂之『陳篆必正』……然後，在槽中塗施一層厚膠，再用皮筋（大約是牛筋）緊密纏繞之，纏滿一層，塗膠再繞，直至與槽沿平齊或稍低，此所謂『施膠必厚，施筋必數』。等待膠完全乾透之後，膠筋已與車轂非常緊

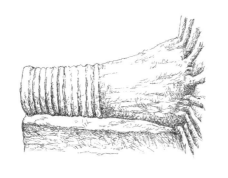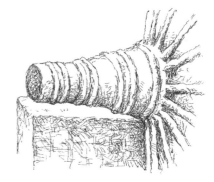

圖2-79　山西太原金勝村晉國趙卿墓車馬坑1、8號車轂遺跡

密地結合為一個整體，此所謂『轂必負乾』。此時槽中的膠筋因脫水收縮而低於槽沿，經打磨，槽沿變為圓角，與槽中膠筋平滑過渡，形成波紋形環棱，然後髤漆整個表面，這樣轂面形成膠筋和槽壁青白相間的篆，『既摩，革色青白』此之謂也……經過這樣加工處理，車轂強度比之輨、軧、軹銅件加固者有過之而無不及，而且更經濟、更輕便，當然可以『謂之轂之善』了」。[42]

　　不過筆者還要補充一點，山西太原金勝村出土的車轂和《考工記》的記載只是纏裹筋革的一種方法，當時還有另一種，即湖北江陵九店與宜城車的方法，它們是分段纏裹筋革，與槽沿平齊後還要繼續再纏幾層筋革，這幾層纏的時候是密密相連的，這一纏法在《江陵九店東周墓》一書中附有示意圖（圖2-80），這兩種方法相比較，後者強度應更高。

　　戰國時期還發明了在轂孔中裝釭以減輕與軸的摩擦，增加車轂強度的方法。

　　《說文解字》曰「釭，車轂中鐵也」，說明釭一般用鐵製成，鐵器易鏽蝕，所以出土的實物中很少見到。河北易縣燕下都出土的一件為圓筒形，兩側有突出的凸榫，可以卡在木轂內，這件釭直徑達8.8厘米，推測應是裝在賢端（大頭）的，還應有直徑較小的裝在軹端的另一件。同時，與之配套的是在木軸上也開始裝鐧，《釋名·釋車》曰：「鐧，

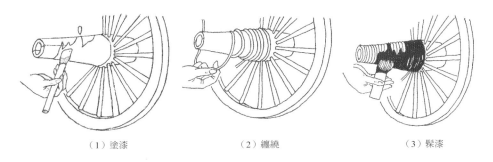

（1）塗漆　　　　　　　　　（2）纏繞　　　　　　　　　（3）髤漆

圖2-80　　湖北江陵九店M104號車馬坑車轂加固方法示意圖

間也，間釭軸之間使不相摩也」。河南洛陽老城中州路車馬坑出土的四件鐵釧呈半筒形瓦

狀，四角有孔可施釘，固定在車轂賢端、軹端的車軸上，行車時在釭、釧間塗上油膏，

車軸與車轂的摩擦就會相應減輕，正如《吳子‧治兵篇》所說的，「膏釧有餘，則車輕

人」。毫無疑問，釭、釧實屬原始狀態的軸承裝置（圖2-81）。

　　春秋戰國時車軾的高度也在西周的基礎上有所增加，並開始將軾前封閉。封閉的方

法可能有兩種，一種是直接用木板作輿前廂板，如河南淮陽2號車馬坑的4號車，另一種

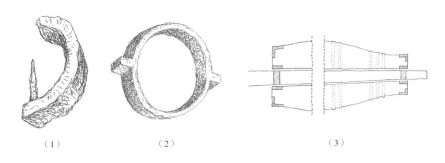

（1）　　　　　　　　（2）　　　　　　　　　（3）

圖2-81　（1）鐵釭（河北易縣燕下都出土）　（2）鐵釧（河南洛陽老城中州路出土）　（3）釭、釧裝配示意圖

為軾上向前伸出三至五根折成彎角的細木，下端與前橫軹、軫木相接，形成軾前半個斜屋面形的框架，在斜面上有時還橫向捆紮兩根寬皮帶（圖2-82），這一框架應是用來蒙覆袾（布帛）或靾（皮革）的，如山東臨淄淄河店及後李，山西太原金勝村，湖北江陵九店、宜城等地出土的車。同時，將車廂三面或四面均封閉的車也頻頻出現，甚至有的連車門都用木板製成，如山西侯馬上馬墓地1、3號車馬坑的1、2號車、河北省平山縣中山王嚳墓2號車馬坑的2號車（參見圖2-52、圖2-69、圖2-71）。不過，有的車廂板是用皮條捆綁在車軨外側的，必要時可以把它取下，由此聯想到湖北江陵九店的車，兩輢外側的銅壁插很可能也是用來安插車廂板的。

　　春秋戰國車在輿軨的材料選用、製造技術上也有顯著進步。車軨多選用很粗的整料，有時是粗藤，兩頭揉彎後插入軫木，前後靠橫軹來支撐，既穩固又結實。四面輿軨則用很細的藤條或木料製成很小的網格狀攔板，軹軨間的榫卯、綁紮方法既科學又美觀（圖2-83），這種輿軨與商周的相比不僅堅固耐用，重量也有所減輕。

　　車輪的設計製造技術也有新的突破。如河南輝縣發現的一種輪輻偏斜、中間凹陷（從側面看）的淺盆狀的車輪就很有特點。這樣的裝輻法在《考工記》中稱為「輪綆」，它的

（1）　　　　　　　　　　　　　　　　　　（2）

圖2-82　（1）山西太原金勝村晉國趙卿墓車馬坑5號車復原草圖　（2）太原金勝村5號車正視、俯視、側視圖

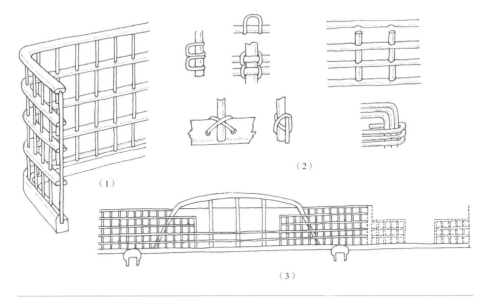

圖2-83 （1）河南三門峽上村嶺虢國墓地車車軝結構 （2）湖北宜城車馬坑車軝捆紮結構剖析圖 （3）山西侯馬上馬墓地車軝結構展開圖

優點是可以在不增加輪軌寬度的情況下卻能加寬車的底基，以保證車行時更平穩，同時，行車時輪向軸內傾，不會出現輪逸脫的情況，特別是在道路不平、車速又快、車身易出現傾斜時，輪緤更能起到避免翻車的調節作用。這是一種符合力學原理的車輻裝置法，只是這種緤輪的樺、菑、蚤的加工技術要求很高且很費時，所以很少見到，歐洲遲至1420—1430年間才使用這種裝置方法（圖2-84）。此外，兩條輪牙的相接處這時開始用銅鍱（有時是兩塊銅片，有時是銅箍）進行加固，這種銅鍱在金文中稱「金豪」。輪牙的三面，不僅着地的一面鼓凸，有時內外側面也都微鼓，剖面如同秦陵兩輛銅車的輪。

　　使用車傘蓋這時也普遍起來，傘架在結構上與現代的傘已無甚區別。河南信陽與湖北江陵天星觀楚墓出土的兩柄基本完整的木傘架可作典型。傘柄的頂端是膨大的圓柱狀傘蓋頂，古時稱「部」、「保斗」或「蓋斗」，周圍鑿有20個長方孔，孔用來容納蓋弓的方

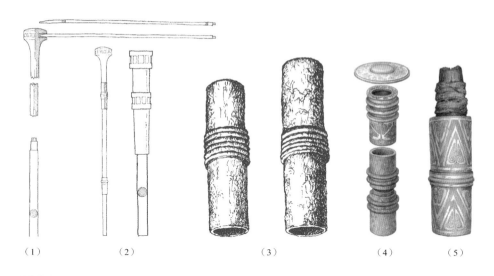

（1）　　　　　（2）　　　　　　　（3）　　　　　（4）　　　（5）

圖2-84 （1）河南信陽1號楚墓出土木傘架　（2）湖北江陵天星觀1號楚墓出土傘柄　（3）—（5）青銅、錯金銀銅轒軨、蓋斗（（3）河南淮陽出土　（4）河北省平山縣中山王𗊤墓出土　（5）河南洛陽老城中州路出土）

榫。傘柄分成二段或三段，上段的下端收細，下段的上端鑿有圓窩，連接時把上段圓榫插入下段圓窩即可。下段的底端有的還開有一橫貫傘柄的方孔，以便穿繩把傘柄捆縛於插傘的底座上（圖2-85）。

傘蓋是古代重要的禮儀用品，帝王重臣為了彰顯身份，傘蓋總是寸步不離左右的。《周禮·夏官司馬·道右》中就說「王式（軾）則下前馬，王下則以蓋從」，《周禮·春官宗伯·巾車》又說「及葬，執傘蓋從車持旐」。另外，車行馳道上突遇大風或戰事，都要立即撤去車蓋，這就是傘柄分成幾段的主要原因。河南信陽楚墓的傘柄接插部是木結構，比較考究、級別較高的車上這段結構全用銅製，銅製的接插件古時稱「轒軨」，[43]蓋斗有時也用銅製，如洛陽老城中州路、平山中山王𗊤墓出土的，上面都有華麗的錯金銀紋飾，有的還用純金銀製成，參見圖2-84（3）—（5）。

支撐圓形傘蓋面的是蓋弓，蓋弓一般用竹或木條製成，一頭方一頭圓，方頭插於蓋斗

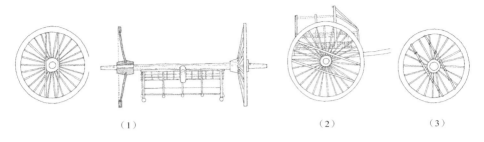

（1）　　　　　　　　　　　　　　　　　　　　　　　（2）　　　　　　（3）

圖2-85　（1）河南輝縣16號車車輪緄正、側視圖　（2）湖北宜城4號車車輪上的夾輔　（3）山東臨淄淄河店1號車輪上的夾輔，圖中可以看出兩根夾輔是用繩索捆在輻條上的（夾輔：車輪輻條外兩根平行的支撐木條，過去一直認為是加固車輪、增強車輻的負載能力的。樂川福先生作了大量研究調查，特別是看到淄河店1號車輪的夾輔後認為，這只是新車輪組裝膠合後為防變形而設的固定拉杆）

榫內，圓頭稍收，上套銅質蓋弓帽。蓋弓帽造型各異，近中部有突起的小鉤，小鉤用於勾勒細竹彎成的傘面大圈。圈上先用繩作網編成傘面框架，再覆以布帛並把周邊縫綴於大圈上使其繃緊，最後髹漆、畫上花紋。洛陽老城中州路戰國車的傘蓋就是這樣製成的。這種傘應是不能自由開合的傘，至於是否有可以收攏的用另一種方法製作的傘，目前還沒有發現證明材料，從理論上說應該是有的，不然當需要突然撤去車蓋時除了丟棄外，很難有其他辦法隨車攜帶（圖2-86）。

　　春秋戰國的車雖然車轂上的銅加固件比周代減少許多，但車廂上的飾件卻有所增加，在車軬兩側，商周時期經常用的方形角柱頭這時改成一種彎鉤形銅飾，這種銅飾曾被錯認為是秦代之後才常用的「較」。這種銅飾最早發現於河南輝縣，以後河南淮陽也出土了幾件，而以上馬墓地出土的兩件最精緻，正是這兩件實物證實了這種鉤形銅飾的真正用途。發現時它們在2號車馬坑5號車的車門立柱旁，寬而有榫的一頭納於軬木上，細而有圓銎的一頭呈水平與軬側輢柱相接，根據其所處高度，很可能是上車時做拉手用的（圖2-87）。輿軬四邊的立柱也開始裝青銅柱頭，柱頭的造型與車衡上的衡飾、車軛上的軛首、軛軥飾、軥首上的軥飾等造型一樣千變萬化。並且頻頻使用錯金銀、鎏金工藝，精美絕倫，是

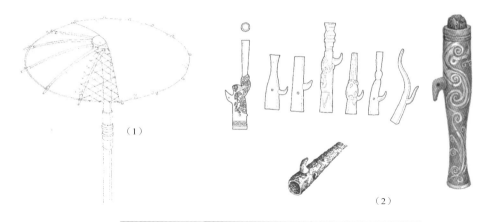

（1）

（2）

圖2-86　（1）車傘蓋製作示意圖（2）各地出土的青銅、錯金銀銅蓋弓帽

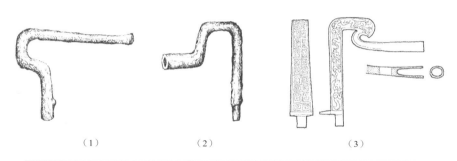

（1）　　　　　　（2）　　　　　　　（3）

圖2-87　青銅車番飾　（（1）河南浚縣辛村出土　（2）河南淮陽出土　（3）山西侯馬上馬墓地出土）

古代工藝美術的精品（圖2-88）。

　　與精美的銅飾相匹配的是車的髹漆彩繪。好幾座車馬坑的發掘報告中都一致提到，剛出土的車漆皮「漆色如新」，山西曲沃晉侯墓地1號車馬坑的21號車輿後門的彩繪，紅底，綠、黑紋飾，河北平山中山王𦰡墓1號車馬坑發現的漆皮「赭地朱紅彩飾……飾朱紅雲紋」。甘肅張家川馬家塬戎王墓的車輿板上，也是用黑、紅、藍三色油漆繪出饕餮紋、

龍紋和卷雲紋飾。河南洛陽老城中州路出土的傘蓋「表髹黑漆，裏髹朱漆……黑漆上繪上由紅、白、黃、綠、藍諸色組成的多彩圖案」。[44]山東臨淄淄河店2號墓出土的車上，在粗細不等的輿軨上，用藍、白、朱、綠等色繪出環形、十字形紋飾，看上去很是別致（參見圖2-75（1））。而棗陽郭家廟曾國墓地1號車馬坑的3號車，車輪和車轂表面在深棕色底漆上用朱紅色漆彩繪的圖案，不僅靜止時美輪美奐，若車行駛起來，隨着車輪的轉動，還能展現出紋飾特殊的流動美感（圖2-89）。

（1）　（2）　（3）　（4）　（5）　（6）　（7）　（8）　（9）

圖2-88　（1）錯金銀、青銅軏飾（河南輝縣、淮陽出土）　（2）錯金銀、青銅車軎（河南洛陽老城中州路、湖北隨縣、河北平山中山王𫞩墓、河南淮陽出土）　（3）錯金銀、青銅角柱飾（河北平山中山王𫞩墓、河南淮陽、河南輝縣出土）　（4）錯銀承弓器（河南洛陽中州路出土）　（5）銅環（河南洛陽老城中州路出土）　（6）錯金銀衡飾（河南淮陽出土）　（7）錯金銅軸飾（湖北江陵九店出土）　（8）錯銀銅轙（河北平山中山王𫞩墓出土）　（9）青銅合頁（湖北隨縣出土）

圖2-89　河北棗陽郭家廟曾國墓地1號車馬坑3號車復原圖（車輿、衡飾、軛首飾等取自同車馬坑其他車）

叁・先秦獨輈車的類型與用途

上文介紹的60餘座車馬坑，出土的百餘輛古車已很全面地展示了先秦時代車的概貌與發展過程。自從獨輈車成為統治階層身份地位的標誌，成為國家禮樂制度的重要組成部分後，便趨向類型多樣化、用途專門化。隨着社會生產力的提高，手工業技術的不斷進步，這一傾向日益顯著。對此有關的文獻記載也很豐富，作為儒家經典之一的《周禮》多處涉及先秦時期的車輿制度，其中所描述的各類車的用途與特徵已成為今天研究考古材料及有關問題的主要參考和依據；其他如《禮記》、《毛詩》等也有不少這方面的記述。可是這些典籍多文字晦澀，內容深奧，而漢代以降歷代大儒又反覆注解，他們往往根據自己生活時代的見聞去闡釋過去時代的事物，結果越解釋矛盾越多，以至歷代學術訟爭不斷，流弊至今。雖然如此，在一些主要問題上觀點還是較一致的。

　　概括考古發現與文獻記載，先秦車的類型基本上可分為乘車、兵車和棧車三大類。

先秦車的類型 {
　乘車：玉路、金路、象路、夏篆、夏縵、墨車、貴婦用車等
　兵車：革車、廣車、闕車、蘋車、輕車、木路、備車等
　棧車：棧車、役車等
}

　　第一類乘車。因車主的品爵高低而有多種等級，最高等級為路，後世又稱「輅」。據《周禮・春官宗伯・巾車》載，「王之五路」有玉路、金路、象路、革路、木路。前三種為乘車。

　　玉路，「以祀」，是天子參加國家祭典等重要政治活動時所乘坐的；

　　金路，「以賓，同姓以封」，為天子會宴賓客、封賜同姓時所用的；

　　象路，「以朝，異姓以封」，為天子上朝、燕行出入和封賜異姓時使用的。

　　三種車的名稱都源於裝飾車的「諸末」（指車衡兩端、軸首、車軛首、軥，有時還包括軫柱）的材料，這三種車中，後兩種可以在先秦車馬坑的發掘材料中找到原型。

　　符合金路車特徵的是河北平山中山響墓2號車馬坑的2號車，這輛車的衡飾是兩件純金製成的龍首（圖3-1），車軛的軛首飾、軛軥飾也都是金製，車衡上的蟻雖是銀製，但在頂部也

鑲嵌了一條金帶，而車畫、車蓋上的飾件全都是錯金銀紋飾，正符合《周禮·春官宗伯·巾車》鄭注所云：「金路，以金飾諸末……有鉤（軥），亦以金為之」，可以說是一輛比較典型的金路車（參見圖2-67）。

圖3-1　河北平山中山嚳墓2號車馬坑出土金龍首衡飾

具有象路車特徵的車比較多，如河北平山中山嚳墓2號車馬坑1號車和山西侯馬上馬墓地1號車馬坑1號車的兩輛車，車衡兩端都套有骨質的衡飾，上馬墓地1號車的車衡上位於軥首兩側還垂掛有骨質飾件，車軥首也為骨飾（參見圖2-58），這與《周禮·春官宗伯·巾車》鄭注所云「以象飾諸末」也有相似之處。其餘如河南輝縣、淮陽等地出土的很多骨製衡飾、軥首飾、軥軥飾等，都應屬於這幾座車馬坑裏的象路車的飾件（圖3-2）。

路車以下依次為夏篆、夏縵、墨車，低等的為棧車、役車。《周禮·春官宗伯·巾車》曰：「服車五乘，孤乘夏篆、卿乘夏縵、大夫乘墨車、士乘棧車、庶人乘役車」。「服車，服事者之車」，相當於現在的公務人員用於公事的車。這五種車中，前三種為乘車；後兩種屬於既載人又

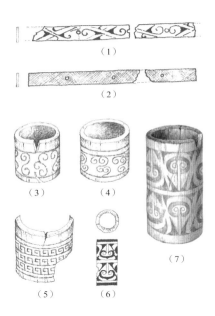

圖3-2　（1）（2）河北平山中山嚳墓2號車馬坑出土車輿條形骨飾片　（3）—（5）河南輝縣戰國車馬坑出土骨軥首飾　（6）河北平山中山嚳墓2號車馬坑出土骨衡飾　（7）河南淮陽馬鞍塚2號車馬坑出土骨衡飾（骨飾上的花紋有用火灼，如輝縣的實物；有用赫漆彩繪，如中山嚳墓與淮陽的實物）

裝貨的兩用車。「孤」在東周時期為諸侯國君的自稱，《禮記‧玉藻》曰：「小國之君曰孤」。篆在前文介紹車轂加固新方法時已作說明，是以膠筋纏裹的轂約。

那麼，何為夏篆、夏縵、墨車呢？

夏篆，是有漆成紅色的、有篆的車轂的車；

夏縵，亦漆成紅色並有彩繪，但轂上無篆；

墨車，既無篆又無彩繪，僅髹黑漆而已。

符合這些特徵的車在東周時期的發掘材料中很多，比較全面、典型的首推太原金勝村趙卿墓車馬坑的例證。如1號車，這輛車的車廂平面呈橢圓形，車輿用粗細不等的藤條煣編而成，十分精緻、美觀，在兩軛、車軨的外側還裝有可以插裝飾物的圓筒，車軨旁有可作大旗基座的粗立柱，車轂上有五道篆。在這個車馬坑內所有的車中，這輛車顯得最華貴、氣派，很可能它就是墓主人趙鞅的乘輿——夏篆（圖3-3）。以趙鞅之身份，如按《周禮》的規定當無權乘坐夏篆，但他父子長期執政晉國，已成為實際的晉君，所以他僭乘君車當屬意料中事。

符合趙鞅身份的其他乘車在殉車中應是4號和9號車，這兩輛車無篆，都有加寬的車軨橫軨車廂大小也很接近，無論從哪一方面看都應屬同一種車，4號車處於正車一排，9號車在副車之列（有關副車問題見後文），正車裝飾高於副車亦屬當然（圖3-4）。在4號車

圖3-3　山西太原金勝村晉國趙卿墓車馬坑1號車復原草圖

左側車輢之下有兩個與1號車上相同的圓筒，或許這兩個圓筒的作用與1號車不同，但與江陵九店車輢上的壁插相同，是用來插車輢廂板的（如果是插旌旗之類的裝飾物，理應把圓筒裝到沒有寬車輢的一面去，否則加寬的車輢會妨礙旗杆插入）。在春秋戰國時，車輿的左側一般是車主之位，所以4號、9號車左面都有加寬的車輢，以便坐乘時倚靠攔手之用。又，4號車為車主常用車，增加一側擋板以防泥土濺起時沾污車主服飾也是很有可能的。除山西太原金勝村的材料之外，山東臨淄淄河店二號墓殉車中也有一輛車輢有彩繪的車，當亦屬夏縵之列（參見圖2-75（1））。

從理論上講，墨車車型應與縵車差不多，只是裝飾更簡單些。為什麼在發掘材料中比較少見？原因可能在於：一是還沒有發現大夫級的墓葬中有隨葬的車馬；二是在幾座集中各種車輛的大型車馬坑內雖然有墨車，但因漆色褪盡而無法分辨了。

屬於乘車之列的還包括貴族婦女用車。

《周禮·春官宗伯·巾車》中有王後乘車五路：重翟、厭翟、安車、翟車、輦車。前四種「皆有容蓋」，即都有封閉型的車廂。由於先秦時期王后陵寢未發現有隨葬車馬的記錄，故考證重翟、厭翟、翟車等的車制就很困難，只是在河南淮陽車馬坑中發現幾輛安車（參見圖2-68（1））有此可能。

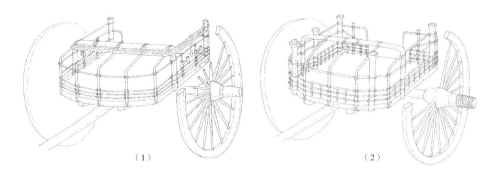

（1）　　　　　　　　　　　　（2）

圖3-4　（1）山西太原金勝村晉國趙卿墓車馬坑4號車　（2）9號車復原草圖

早期安車可能屬婦女專用，後來因乘坐舒適（可躺臥），又安全（有隱蔽性），所以帝王也開始使用。

　　輦車在陝西隴縣邊家莊5號春秋墓中出土一輛，這輛車外形與獨輈車無異，只是尺寸較小，車廂廣70厘米，進深60厘米，車輄最高處為30厘米，無車軾，輪軌寬114厘米，輪徑115厘米，每個輪有16根車輻，車輈長182厘米，衡木長88厘米，無軛，在衡木兩側各有一彩繪木俑，以象徵用人力輓車（圖3-5、圖3-6）。[45] 這種輦車在宋代時還使用，李唐的

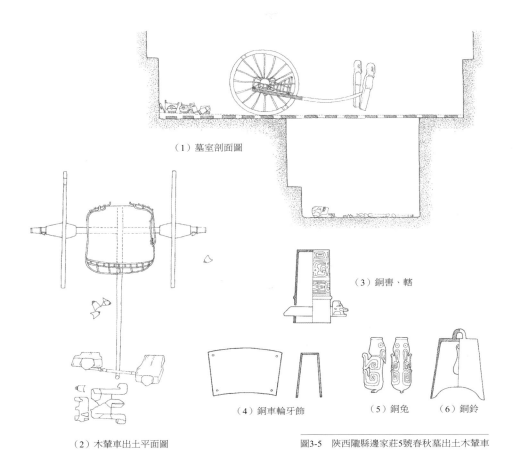

（1）墓室剖面圖

（3）銅軎、轄

（4）銅車輪牙飾

（5）銅兔　　（6）銅鈴

（2）木輦車出土平面圖

圖3-5　陝西隴縣邊家莊5號春秋墓出土木輦車

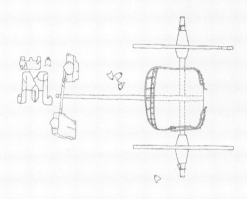

木輦車出土平面圖　　　　　　　　　　　圖3-6　陝西隴縣邊家莊5號春秋木輦車復原圖

《文姬歸漢圖》中就出現過（圖3-7），其外形與陝西隴縣的輦車很接近。

關於輦車，《說文解字》曰：「輦，輓車也，從車，從扶，在車前引之也」。從結構上看，先秦時期的車與輦並沒有多大的差別，「駕馬曰車，駕人曰輦」，[46] 區別主要在於用人力還是用畜力。由此聯想到河南淮陽和輝縣的車馬坑中都有尺寸很小，認為可能是兒童遊戲用的小車（參見圖2-68（4）），實際上很可能是輦車。魏晉以後輦車多把雙輪去掉，改成由人抬着步行，稱作「步輦」。步輦屬帝後專用，已不再具備車的性質，不能再稱為輦車（圖3-8），所以本書以後的章節不再涉及。

第二類兵車。它的典型材料也較多。先秦兵車中最高等級也是路，即「王之五路」中的「革路」。革路之下有廣車、闕車、蘋車、輕車，古時稱「五戎」。

革路，古代帝王所乘的一種兵車。覆之以革，無他飾，用於作戰或巡視諸侯國土或四境。革路有時還作為帝王出行的前導車。河南洛陽中州路的M19車馬坑中就是這種性

圖3-7　李唐《文姬歸漢圖》中的木輦車

圖3-8　山西大同北魏墓
出土的木漆畫上的步輦

質的兵車，這輛車與秦始皇陵1號銅車很
相似，都有車蓋，有錯金銀銅弓弩與承弓
器，也都是駟馬戰車。河北平山中山譽墓
2號車馬坑中的3號、4號車，車軎兩側安
有指揮作戰用的鐃，這兩輛車中必有一為
革路。太原金勝村晉國趙卿墓車馬坑中，
3號、8號車「用材肥碩，車身寬敞，車轂
有深篆並經膠筋加固，帆前有設置金鼓的
立柱，輿後有建旆（帥旗）的旗座，具備
了作為指揮車的必要條件」，完全符合革
路的要求（圖3-9）。

　　廣車，是一種車廂左右寬，進深淺的
車。這種車在春秋之前比較普遍，如安陽
孝民屯南地M7號商車，長安張家坡168號

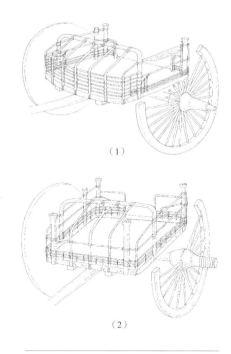

圖3-9　（1）山西太原金勝村晉國趙卿墓車馬坑
3號車　（2）8號車復原草圖

車馬坑1號車、寶雞茹家莊BRCH3號車馬坑1號車，山東膠縣西庵車，以及河南輝縣、三門峽上村嶺虢國墓地、湖北宜城等地的車馬坑中都有這一類型的車。

闕車，顧名思義是在戰爭中用於堵塞防線缺口的車。《武經總要》插圖中有一種宋代的塞門刀車（圖3-10），不知與闕車有無關聯，塞門刀車肯定是人力推車，而闕車似應屬於畜力車。可惜目前很難想像闕車的面目，也無法從考古材料中找到合適的比照對象。

蘋車，一種防禦性戰車，《周禮·春官宗伯·車僕》鄭玄注曰：「蘋，猶屏也，所用對敵自蔽隱之車也」。根據這一解釋很自然會與山西侯馬上馬墓地3號車馬坑中2號車、山西曲沃晉侯墓地1號車馬坑的11號車、河南淮陽2號車馬坑中的4號車聯繫起來。侯馬上馬墓地的車車廂四面都綁有木板，車門也用木板製成，用合頁開啟（參見圖2-59），而河南淮陽的4號車、山西曲沃的11號車車廂的三面全都披掛上銅甲板（軾前為木板和皮革。參見圖2-69），這樣裝備起來的車車身自重必然增加，與作戰所需求的快速、輕便必然有悖，但如作為屏障，應是很合適的，所以這幾輛車可能都屬於蘋車。蘋車有時又稱革車，很可能車廂更多是用皮革蒙覆的。

輕車，又稱馳車、攻車，即用於攻擊的戰車，車身輕，速度快。《周禮·春官宗伯·車僕》鄭玄注曰：「所用馳敵致師之車也」。這種車的原型最多，如湖北宜城的4號車、河南輝縣的1號車、三門峽上村嶺的3號車，以及山東臨淄後李車馬坑、臨淄淄河店2號墓殉車中也都有這種兵車，甚至在廣車中有一部分可能亦屬輕車（參見圖2-71、圖2-73、圖2-75（1））。

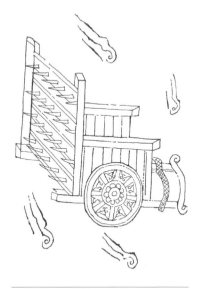

圖3-10　宋代塞門刀車（《武經總要》插圖）

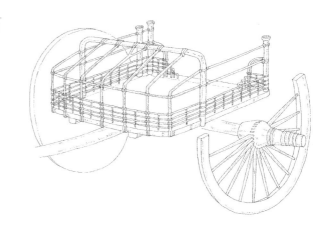

圖3-11　山西太原金勝村晉國趙卿墓車馬坑7號車復原草圖

　　隸屬於兵車的還包括畋獵之車。君王諸侯的畋獵車稱「木路」，畋獵車可能在結構堅固的程度上略遜於兵車，但在裝飾等其他方面應是相同的。畋獵車較為顯著的特徵是車廂小。狩獵不同於戰爭，車主無須車右保護，因此車上的乘員一般只有二人（一人駕車）。安陽大司空村的M175號車（參見圖2-3）、長安張家坡的35號車（參見圖2-27）、寶雞茹家莊BRCH3號車馬坑的3號車（參見圖2-32）、河南淮陽2號車馬坑的7號車（參見圖2-68（3）），以及太原金勝村趙卿墓車馬坑的7號車（參見圖3-11）都屬這類車，這類車如用於戰鬥，應是作為輕車或是主將的副車。

　　戰國時期由於製車業發達，貴族用車都有備用車，或稱副車。副車又稱貳車、佐車、從車、屬車、倅車。

　　我們觀察幾座大型車馬坑會發現（如河南輝縣、河北平山中山響墓與河南淮陽1、2號車馬坑），這分為兩排（或兩座）的車中有部分是副車（甚至達半數）。最明顯的是趙卿墓車馬坑，形制基本相同，成雙成對的車出現好幾組，如前文提及的夏縵（4號、9號車）、戎路（3號、8號車）、畋獵車（2號、7號車）。

　　副車最直接的目的是為了應急。不管製造技術如何高明，木車總是容易折毀。車行途

中特別是作戰的時候，如果坐車突然毀壞，沒有備用的車就會發生麻煩或危險，因此出行時副車相隨在當時來說是必不可少的。

第三類棧車。屬於隨從人員乘坐的車，包括棧車和役車，《周禮・春官宗伯・巾車》曰：「士乘棧車，庶人乘役車」。鄭玄注：「棧車，不革鞔而漆之。役車，方箱，可載任器以共役」。又，《詩・小雅・何草不黃》：「有棧之車，行彼周道」。毛傳云：「棧車，役車也」。

很明顯，這是一種車廂面積較大，既可載人又可載物的兩用車，山東臨淄古車博物館復原了田齊王陵殉車中的一輛棧車（參見圖2-75（2）），車廂豎長方形，車軨為方形木柱，結構簡陋，無車軾，輿底用細竹鋪設。河南輝縣車馬坑的18號車，山東臨淄後李車馬坑的大型車廂的車都與它很相近，可能都是棧車。棧車在當時的數量應該不會少，只是級別較低，很少作為殉車隨葬，所以現在在發掘中就比較罕見了。

肆 · 先秦的馬具、馬飾與獨輈車的駕輓方法

中國古代的馬具起源於何時，目前尚無定論。但在殷周時期馬具就已大體完備，至春秋初期，馬具已發展得十分成熟了。

早期的馬具用於輓車，整套馬具分為兩大類，一是鞁具，一是輓具。

鞁具，用於控制馬首，通過鞁具來制約、指揮馬駕車。

輓具，用於負車、拽車，通過輓具使馬與車連為一體。

古代的馬具不僅具有實用性，而且具有裝飾性，還有一些純為裝飾的部件則因車主的身份貴賤、爵位高低而有所增減。

為了有效地控馭馬，使牠能按人的意志駕車或從事其他工作，我們的祖先發明了制約馬的鞁具。原始的鞁具主要是網絡馬首的轡頭，也稱「羈」，《說文解字》說「羈，馬絡頭也」，所以又稱「絡頭」。絡頭的結構，在馬用於駕車時起就已經比較成熟了。

商和西周的殉馬，都是按照生前模樣裝備齊全下葬的，很多馬具馬飾發現時都處於原先的狀態。以1950年在安陽武官村大墓北墓道中發現的絡頭為例，早期的絡頭由額帶、頰帶、鼻帶、咽帶組成，各帶都用皮條製成，帶上串套着青銅泡飾，兩帶交叉處用一種十字形的被稱為「節約」的銅飾件串聯。額帶的中央，位於馬兩眼之間的腦門部位飾有一枚較大的荷包形的大銅泡，這枚銅泡就是後來被稱為「當盧」的飾件原型。在馬的嘴角處，即頰帶、鼻帶、咽帶的交叉處，有一枚四環相連的銅泡將這三根帶串綴住，控制馬首的轡繩，即現代所稱的韁繩，也繫在牠上面，這枚四聯環銅泡即是後來的「鑣」的原形。與此相類似的馬轡頭在安陽孝民屯、郭家莊等多處車馬坑都發現過，但當盧與鑣的形象已有了變化。當盧變成直徑很大的（七厘米左右）圓形銅泡或蚌泡，鑣則呈方形，頂部和中部有孔，孔的上下各凸起一中空的三角形棱，可以穿皮條或繩索，這種形象的馬鑣使用時間很長，西周時期的車馬坑裏經常能見到它。在安陽孝民屯、殷墟西區的馬轡頭上有時還多了一枚銅飾，這枚銅飾的外形頗像箭簇，簇形飾安裝在當盧的下方、鼻帶與額帶中間縱向的一條皮帶底端，這種銅飾在西周時也很流行（圖4-1）。

馬轡頭除了串飾銅泡外，有時還串飾海貝。安陽郭家莊、長安張家坡車馬坑內的發

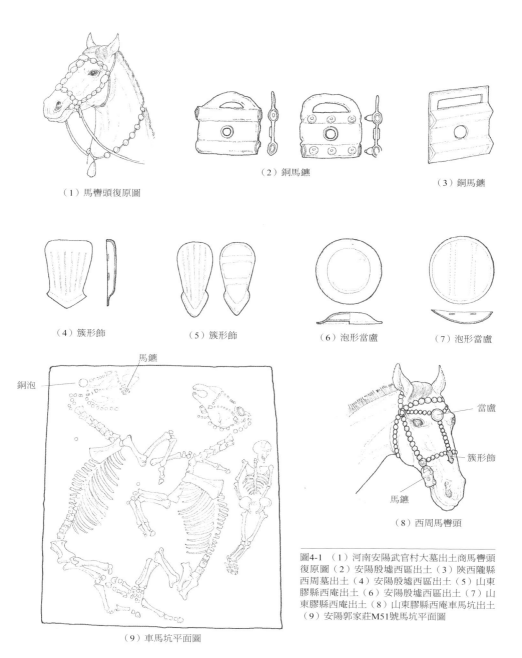

（1）馬轡頭復原圖

（2）銅馬鑣

（3）銅馬鑣

（4）簇形飾

（5）簇形飾

（6）泡形當盧

（7）泡形當盧

銅泡

馬鑣

（9）車馬坑平面圖

當盧

簇形飾

馬鑣

（8）西周馬轡頭

圖4-1 （1）河南安陽武官村大墓出土商馬轡頭復原圖（2）安陽殷墟西區出土（3）陝西隴縣西周墓出土（4）安陽殷墟西區出土（5）山東膠縣西庵出土（6）安陽殷墟西區出土（7）山東膠縣西庵出土（8）山東膠縣西庵車馬坑出土（9）安陽郭家莊M51號馬坑平面圖

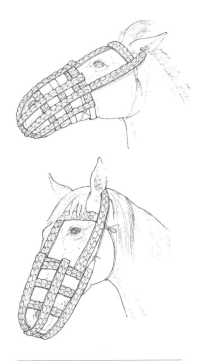

圖4-2　陝西長安張家坡2號車馬坑2號車
貝飾馬轡頭復原圖

現就很典型（參見圖2-7、圖2-26）。張家坡的貝飾轡頭用皮帶做框架，不用節約、鑣、當盧等飾件，這種絡頭像一個籠嘴一樣套住馬口（圖4-2）。

2004年在安陽發掘出的一座車馬坑、絡頭和馬身其他部位的帶飾都是用加工成長方形或橢圓形的蚌片串聯成的，顯得十分華麗精巧（參見圖4-3（1））。

貝飾轡頭在春秋時仍見使用，山東臨淄後李車馬坑1號車的兩匹服馬轡頭，除了鑣為銅質外，其餘都是由海貝串成的（參見圖4-3（2））。

（1）

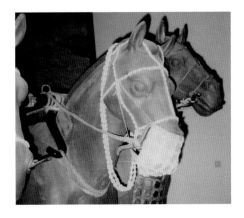

（2）

圖4-3　（1）河南安陽殷墟M號車馬坑蚌片飾馬絡頭及馬身配飾　（2）山東臨淄後李車馬坑1號車服馬貝飾馬轡頭復原模型（山東臨淄古車博物館）

籠嘴式馬鑣頭有時又分為兩層，裏層是用皮革串銅泡組成的絡頭；外層是用皮條編成的籠嘴，籠嘴成網狀，十字相交處有銅節約串聯，在籠嘴正面，下起馬口，上至雙目中間眉心處，裝有大小兩件上端獸面、下端微彎的鈎形銅飾，大的在上，小的在下，這種鈎形飾稱「鈎」。《周禮·春官宗伯·巾車》曰：「金路，鈎、樊纓九就」。鄭玄注：「鈎，婁頷之鈎也。」《公羊傳·昭公二十五年》：「牛馬維婁」。何休注：「繫馬曰維，繫牛曰婁」。維、婁僅是區別繫馬或繫牛的不同稱謂，泛言則可通用。頷是口腔上下的統稱，也稱為「頜」。《方言》曰：「頷、頤，頜也。南楚謂之頷」。「婁頷之鈎」，即繫在馬嘴上下的曲鈎。以銅鈎豎貫馬口，肯定是用來制止馬撕咬或攝食的（圖4-4）。山東臨淄後李車馬坑1號車的馬鑣頭則採用了另一種方法，即在絡頭的頰帶上垂吊一塊飾有海貝的皮革，需要時可以用它罩住馬嘴，這同樣能起到鈎和籠嘴的作用（參見圖4-3）。

對於性情暴烈的馬，僅有絡頭、籠嘴

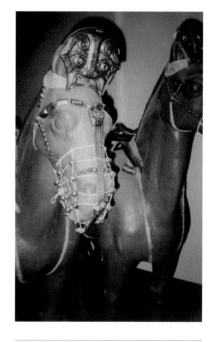

圖4-4　陝西長安張家坡2號車馬坑1號車有「鈎」的馬籠嘴復原模型（山東臨淄古車博物館）

還是較難駕馭的，必須勒住比較敏感的馬口，勒馬口僅有馬鑣還不行，還要加上「銜」才能奏效。

最早發現的馬銜是20世紀30年代在安陽出土的，為玉質。1981年在殷墟西區發現了兩件青銅馬銜，由兩節「8」字形鏈環套而成，從出土現場平面圖可以看出（參見圖2-7（1）），這兩件馬銜與馬鑣是不（也不能）連在一起的，屬於早期尚不成熟的鑣、銜結構。成熟的結構應是：馬銜兩頭的環伸出於馬鑣外面，鑣銜套合成「畫」形，轡繩不繫在鑣上，而是繫在銜伸出鑣外的環中。駕馭馬時，馭手只需將銜卡入馬口，收緊頰帶籠住馬首，而後或緊或鬆左右轡繩，即能由轡繩通過馬銜將信息傳達給馬，使馬聽從指揮。古時候轡繩又稱作「攸」，《說文解字》曰：「攸，水行也」，一張一弛，兩攸如流水，故曰「水」行。這樣的鑣銜在西周早期出現了。江蘇丹徒母子墩、河南平頂山、北京琉璃河等地出土的幾套銜鑣都是這種結構（圖4-5）。關於江蘇丹徒母子墩墓的年代有爭議，今從發掘報告結論。[47]

裝有馬銜的轡頭被稱為「勒」，《說文解字》曰：「勒，馬頭絡銜也」。勒是較為先進的鞁具，雖然商代已開始使用，但西周之前仍以絡頭居多，用勒的很少。

春秋戰國時期鑣銜的使用已很普遍，式樣也變化多端。多數鑣銜還能脫卸，不能脫卸的有時也只連一鑣，如山西侯馬上馬墓地出土的一件就是如此。銜的形象變化不大，但其中一節的兩環呈橫豎方向扭曲，這樣兩節套在一起後外側的兩個環就處在同一平面上，糾正了商代馬銜的缺陷（參見圖4-5（1））。另外，還出現了一些特殊的式樣，瀋陽鄭家窪子出土的一件馬銜是長長的一根銅圓棍，上面分布了四個環，這種馬銜與秦代的有些相似（圖4-6）。

銅馬鑣的式樣早在西周時變化就多了起來。先是把商代的那種方形鑣上面的方環改為圓環，接着又把整個外形都改成圓形。新出現的式樣有的像牛角，有的像蝌蚪，有的成「S」形，有的仿製成木棍。春秋戰國時還有用蛇和爬蟲做造型的。同時，這一時期還很

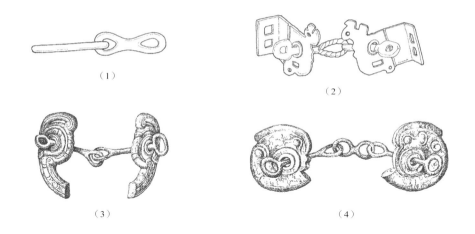

圖4-5　商周時期的馬銜、馬鑣　（1）河南安陽殷墟西區出上銅馬銜　（2）江蘇丹徒出土銅鑣、銜　（3）北京琉璃河出土銅鑣、銜　（4）河南平頂山市出土銅鑣、銜

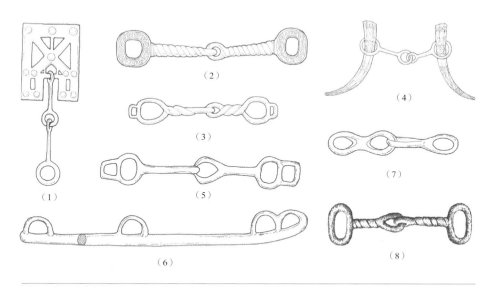

圖4-6　各地出土的銅馬銜　（1）山西侯馬上馬墓地出土（連鑣）（2）（3）湖北江陵天星觀出土　（4）湖北隨縣出土（連骨鑣）（5）（6）瀋陽鄭家窪子出土　（7）北京琉璃河出土　（8）河南淮陽出土

流行用牛角、鹿角、象牙和獸骨製鑣，比較講究的在鑣的表面上還鐫刻有細密的花紋，受此風氣影響，有的銅鑣也仿製成骨鑣、角鑣的式樣（圖4-7）。

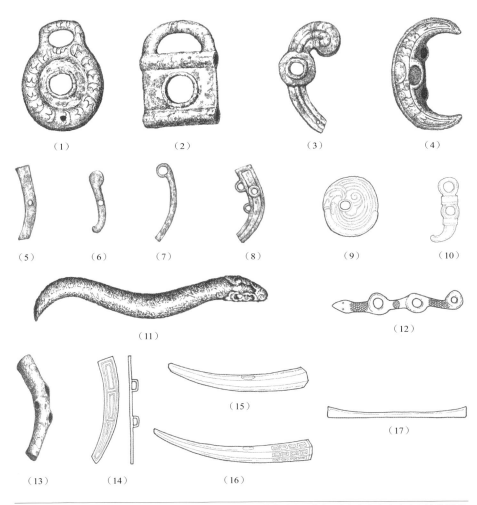

圖4-7　各地出土的銅、骨、角鑣　（1）（2）（3）（4）（13）北京琉璃河出土　（5）（6）（7）（8）河南浚縣辛村出土　（9）（10）陝西寶雞茹家莊出土　（11）河南淮陽出土　（12）遼寧瀋陽鄭家窪子出土　（14）山西侯馬上馬墓地出土　（15）河南輝縣出土（骨）　（16）山西太原金勝村出土（角）　（17）河南淮陽出土（骨）

馬轡頭上的當盧是一件很醒目的裝飾品。商代流行的圓形大泡到西周時上端伸出了一對牛角，下端變成了一方形牛口，成為似是而非的牛頭形銅飾。這種牛頭形當盧變化極多，使用的地區也很廣泛，北京琉璃河出土的一種圓泡的上下部分拉得很長。還有一種上端是一獸面，下端有的也有小獸面，中間是起棱的長形板。陝西隴縣出土的一件整個是一長方形銅條，頂端向外折彎。春秋戰國時期又重新流行圓形當盧，但已不再是素面，而在表面鑄上花紋。北方地區還流行一種鮎魚形象的當盧甚是特別（圖4-8）。其餘如轡頭各種帶交叉處的節約，套在皮帶上的銅飾等也像當盧一樣千奇百怪、造型各異。

總之，馬轡頭的整個裝飾在先秦時期是非常講究的（圖4-9）。

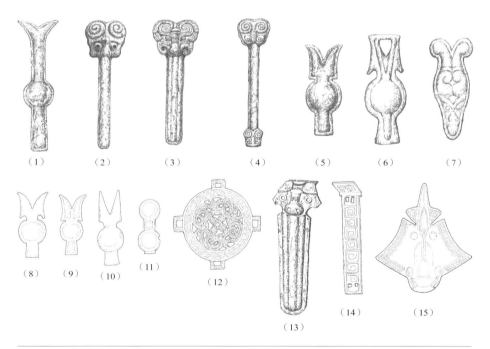

（1）　（2）　（3）　（4）　（5）　（6）　（7）

（8）　（9）　（10）　（11）　（12）　（13）　（14）　（15）

圖4-8　各地出土的當盧　（1）—（5）北京琉璃河出土　（6）（7）陝西寶雞茹家莊出土　（8）（9）河南洛陽老城出土　（10）（14）陝西隴縣出土　（11）甘肅靈臺白草坡出土　（12）河南輝縣出土　（13）遼寧朝陽魏家營子出土　（15）遼寧六官營子出土

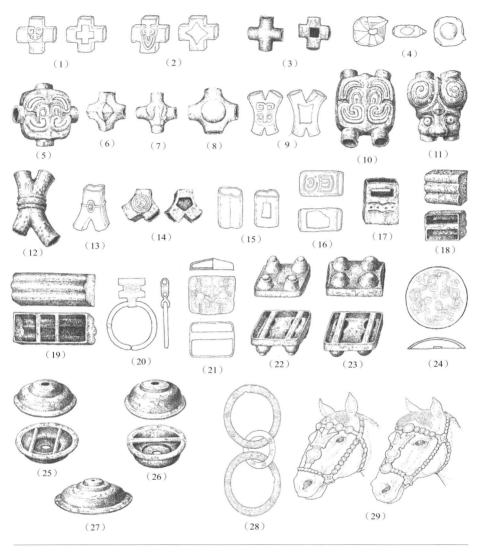

圖4-9 （1）—（28）各地出土的青銅、金軑飾 （29）甘肅靈臺白草坡西周墓出土軑飾復原圖 （（1）—
（8）銅節約 （（1）（2）江蘇丹徒磨盤敦出土 （3）河南准陽出土 （4）遼寧瀋陽鄭家窪子出土 （5）北
京琉璃河出土 （6）甘肅靈臺白草坡出土 （7）山東膠縣西庵出土 （8）河南三門峽上村嶺出土） （9）—
（12）四通軑飾 （（9）江蘇丹徒磨盤敦出土 （10）—（12）北京琉璃河出土） （13）（14）三通軑
飾 （15）—（19）軑飾 （（15）（16）江蘇丹徒磨盤敦出土 （17）北京琉璃河出土 （18）（19）河南平頂山
出土） （20）雙通銜環節約（金）（河南鳳陽馬家莊出土） （21）—（23）方泡軑帶飾 （（21）（金）河南
鳳陽馬家莊出土 （22）（23）遼寧朝陽魏家營子出土） （24）—（27）圓泡軑帶飾 （（24）（金）河南鳳陽
馬家莊出土（25）遼寧朝陽魏家營子出土（26）（27）河南平頂山出土） （28）錯金銀三連環（河北平山中
山譻墓出土））

西周時期在馬頭上還經常使用純屬飾品的馬冠。這種馬冠20世紀30年代於河南浚縣辛村19號墓中出土了十多件，以後在長安張家坡2號車馬坑又出土了四件，均為獸面紋飾。這些馬冠分為兩種，一種鑄成一整片，另一種目、鼻、眉、口、耳分鑄（圖4-10）。它的使用方法應是先把銅飾釘綴在皮革製成的背襯上，背襯像一個皮套一樣套在馬的兩耳上並用帶繫住（參見圖4-4）。馬冠古名「鍚」、「金鍚」，蔡邕《獨斷》卷下曰：「金鍚者，馬冠也，高廣各五寸，上如玉華形，在馬髦前方」。又可稱為錫，《周禮·春官宗伯·巾車》：「王之五路，一曰玉路，錫、樊纓、十有再就……王後之五路，重翟、錫面朱總」。錫只有王、諸侯才能使用，所以在西周墓葬中很少見到。到了西周末期馬冠已漸廢不用了。

前面引文中的樊纓亦是一種裝飾性馬具。蔡邕《獨斷》卷下曰：「繁纓在馬膺（胸）前，如索裙者是也」。繁纓即樊纓。這種樊纓的底座在河南信陽1號楚墓出土了兩件，是用木材雕刻而成的，表面鬃紅、黑色漆，紋飾部分貼有金葉，獸面底座的上部是一短圓

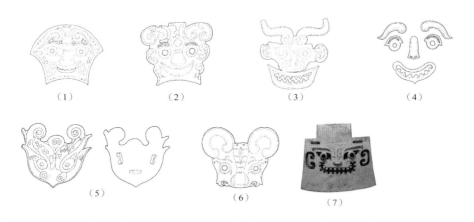

圖4-10　（1）—（6）青銅馬冠　（（1）陝西長安張家坡出土　（2）—（4）河南浚縣辛村出土　（5）江蘇丹徒出土　（6）陝西寶雞竹園溝出土）　（7）商代人面銅鉞（六件馬冠飾中，只有後兩件可稱獸面紋，前四件與商代人面鉞紋很接近）

柱，柱頂端有小孔，出土時有的小孔內還殘留有朽麻，可見這兩件樊纓是用麻做成的。

還有一種與樊纓相類似，是戴在馬頭頂上的纓飾，稱作「纛」。據蔡邕《獨斷》卷下記載：「凡乘輿、車皆羽蓋……左纛、金錢……左纛者，以犛牛尾為之，大如斗，在最後左騑馬䭾上」。纛飾的底座在瀋陽鄭家窪子戰國墓出土了四件，均為銅質，外形像喇叭，所以發掘報告稱之為「喇叭形器」，長長的銅管上是鏤空的三角幾何紋飾，喇叭口的內面有四個紐，可以穿帶繫結在馬頭頂的絡頭帶上（圖4-11）。

樊纓、纛是諸侯、王的馬匹才能使用的裝飾品。

輓具主要由頸靼、靷、鞦、盤、韁、紛等帶組成，整體而論還應包括車軛，但是軛在先秦的獨輈車上是與衡連在一起的，故在介紹車時已把軛包括在內了。

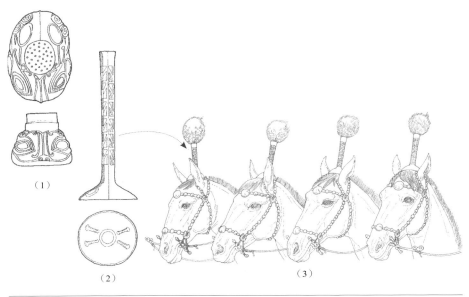

（1）　　　　　　　　（2）　　　　　　　　　　（3）

圖4-11 （1）河南信陽出土樊纓底座 （2）遼寧瀋陽鄭家窪子出土纛飾底座 （3）遼寧瀋陽鄭家窪子戰國墓出土纛飾復原圖

頸靼，指套在馬頸或馬腹上的皮帶。《說文解字》釋為「柔革也」，它是在車軶架入服馬頸後，用於縛結軶的雙腳，固定車軶的皮帶，是連接車與馬的關鍵軶具，所以至關重要。頸靼又名「鞅」，《釋名·釋車》曰：「鞅，嬰也，喉下稱嬰，言纓絡之也」。頸靼縛住車軶時橫於馬頸的部位正好在喉下，《釋名》的解釋很確切。頸靼縛住軶後馬便可以引車前行，世界上最早的車——美索不達米亞的烏爾王陵的戰車圖上就是這樣駕車的，從古埃及到古希臘、波斯帝國和古羅馬（公元前1300年至前300多年之間）都是這樣駕車的（圖4-12）。但是，這種駕車法容易使馬的呼吸器官受到壓迫，在車快速馳行時會影響馬

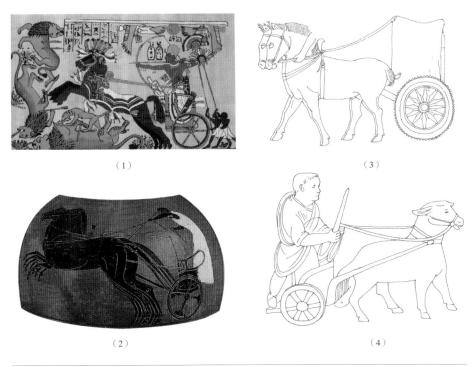

（1）　　　　　　　　　　　　　　　　　　（3）

（2）　　　　　　　　　　　　　　　　　　（4）

圖4-12　（1）埃及法老圖坦卡蒙王及其戰車（約公元前1312年）（2）古希臘花瓶畫上的戰車（約公元前6世紀末）（3）波斯阿基米尼王朝柏塞波裏斯宮殿浮雕上的車（公元前5世紀）（4）羅馬車（公元3世紀）

力的發揮，所以，中國古代駕車法在使用頸靷後又加了另一件重要的輓具——靷。

靷，即引車前行的皮帶。由於一般為皮革製成，因而在車馬坑發掘中很難發現，只能根據一些蛛絲馬跡，參照秦陵1、2號銅車馬，推斷先秦的靷可能也是一端有一個大環套，環套套在馬頸上，一端繫結於車軫或車軸上，如果是兩匹馬駕車，靷帶應縛於車軸上，如果是四匹馬駕車，服馬的靷帶應縛於車軫和車軸上，驂馬的靷帶應繫於車軸上。在靷帶環套位於馬背部大都有一根小橫帶，帶上繫一枚稱作「遊環」的大銅環，這枚銅環在長安張家坡西周車馬坑、洛陽中州路戰國車馬坑等處都有發現（參見圖2-26、圖2-65），其作用是以車軸為中心線固定外側的馬彎繩，使之與其他帶糾纏。

鞶帶與鞥帶是環繫於驂、服馬腹間的、用途稍異的兩件輓具。這兩種帶的定名在學術界頗有爭議，《釋名‧釋車》曰：「鞥，經也，橫經其腹下也」。《史記‧禮書》「鮫韅彌龍」，裴駰集解引徐廣曰：「韅者，當馬腋之革」。司馬貞索隱：「韅，馬腹帶也」。

根據上述記載，稱繫於馬腹間的寬帶為韅應是正確的，《秦陵二號銅車馬》[48]一書中即根據上述觀點定名。但楊英傑先生引《說文解字》「鞶，大帶也……男子帶鞶，婦人帶絲」及孫詒讓《周禮正義》引段玉裁云「人大帶謂之鞶，因而馬大帶亦謂之鞶」等見解，深入分析了兩帶的作用與繫束方法的不同之處，認為驂馬腹間的帶主要是用來束靷帶環套，使之固定於馬頸處不移動，它的束法如同人束皮帶，所以應稱為「鞶帶」；而服馬腹間的帶只是兜過馬腹（準確說只是腋下），並不像驂馬的帶是環圍的，這根帶的主要作用是防止車輿後部負荷超重時車衡上翹、引起車軶收勒馬頸而設的，所以應稱為「韅帶」。鞶帶、韅帶的痕跡在安陽殷墟商代車馬坑和長安張家坡2號車馬坑內曾有發現，帶上的銅和蚌飾成環形圍於馬身中部。

韁，古今概念不同，現代所稱的韁繩，是指馬口兩側系於馬鑣環外的繩索，古代則稱為「彎」，而古代所稱的韁特指四馬駕車時驂馬脖頸上或面向服馬一側的馬鑣環上繫結的一根革帶，革帶的另一端也縛在衡上，其作用是控制住驂、服馬的間距，不讓驂馬外逸。

在秦代輿的外表通常裝飾得十分華麗，但在先秦的發掘材料中則沒有發現輿上的飾品。

紛，是拘繫馬尾的一根繩索。馬在馳騁時其尾會自然昂起，如使馬尾收攏貼近馬臀，馬就會條件反射而自行放慢奔跑速度。古車在不發生緊急情況下車速一般不會很快，所以《釋名·釋車》曰：「紛，放也，防其放馳以拘之也」。它的一端繫結於馬尾的髻上，另一端縛於鞶帶或車軾上。唐代之前馬尾都結髻，以防沾泥帶水。

為了便於更清楚地了解先秦獨輈車的駕輓方法，筆者選擇較有特點、觀賞性強的資料繪成綜合復原圖供參考（圖4-13、圖4-14）。

圖4-13　西周車綜合復原圖

圖4-14　戰國戰車綜合復原圖

伍・秦漢時期的獨輈車與雙轅車

秦始皇兼併六國，使書同文車同軌，度量衡等各方面的標準歸於統一，這些措施對推動社會生產，包括製車業的進一步發展起了積極的作用。

秦漢時期是獨輈車向雙轅車演變的過渡時期。最早的雙轅車模型發現於戰國早期的秦墓中，不過這是用牛駕輓的牛車。根據戰國中後期的幾座秦國車馬坑、秦始皇陵兵馬俑坑和銅車馬坑出土的實物證實，乘車和戰車都還是獨輈車。這一現象延續到西漢初期，之後突然大量出現雙轅馬車，發生這一變化是有重要原因的。

在中國古代戰爭史上，以車戰為主的戰爭形式持續了一千多年。車戰對道路及戰場的地理條件的高要求極大地限制了戰爭的靈活性，據說西周的滅亡，車兵不敵犬戎騎兵就是其中的一個重要原因。戰國後期興起的騎兵經過秦始皇統一六國戰爭的發展，到秦末楚漢戰爭時已成為軍隊的主力，曾經風雲一時的車兵方陣終為騎兵軍團所取代。我們在觀摩過秦始皇陵兵馬俑和楊家灣西漢兵馬俑以後會感受到這種變化。

戰爭形式改變後，一方面大量的馬匹用來裝備騎兵軍隊而不能繼續用來駕車；另一方面大量被淘汰下來轉為運輸的車也需要馬匹來駕輓，於是馬的供需矛盾在漢初時十分突出。要解決這一問題，不是減少車輛，就是減少駕車的馬匹。事實上，經濟日趨發展，官僚制度日趨完備，車輛的需求量日趨增加，減少車輛是不現實的，唯一的辦法只有改變車的結構，雙轅馬車正是在這種背景下出現的。

東漢時期馬車已全部是雙轅的，但雙轅馬車在出現之初仍保留了很多獨輈車的特點。如雙轅翹曲，其弧度不小於獨輈車，車廂的面積甚至變得如商周車那樣小，不僅小而且重新橫向發展，但雙輪間的軌距，輪輿之間的間距比先秦時期更有所縮小。這些變化與改進可能都與單馬駕車有關，車的整體面積縮小對於行車也是有益的。

秦漢時期既是車制的轉型期，也是葬俗的一大轉變期。秦初，用仿製的偶車馬替代實物殉葬的風氣逐漸興起。「偶車」一詞見於《漢書·韓延壽傳》，顏師古注：「偶，謂土木為之，像真車馬之形也」。實際上偶車有土木的，也有銅鑄的。以真車馬殉葬的制度至西漢晚期被全面廢止。因此，通過車馬坑發掘獲取實用車輿馬具的研究材料到西漢武帝

時基本結束，在以後的墓葬中不可再得。所以對西漢中期之後車的研究主要局限於外形構造、類型與用途方面，深入程度已無法與先秦時期相比。

秦代車的出土與復原

提起秦代車的發掘，人們馬上就會想到秦始皇陵兵馬俑。兵馬俑1號坑是1974年幾個農民在打井時無意中發現的。經過勘察、鑽探和試掘，1976年五六月間又在1號坑東側先後發現了2號、3號坑，從那時起至今30多年來發掘工作一直沒有停止。兵馬俑坑中規模宏大的軍陣未等全部面世已經讓全世界感到震驚。根據秦俑考古隊的推算，1號坑中有6000餘件陶俑，目前已出土戰車六輛；[49] 2號坑有1400餘件陶俑，戰車89輛；[50] 3號坑有68件陶俑，戰車一輛（圖5-1）。[51]

三座坑出土的車全部是木質的，因遭火燒和俑坑塌陷的破壞，車跡全都零落散亂、殘缺不全，只在2號坑內有幾輛車的局部結構遺跡尚能辨識，車跡的周圍還殘留有不少漆皮，漆皮上有花紋，這說明車原都是髹漆彩繪的，可惜這些車都已不能復原了（圖5-2）。

20世紀70年代至80年代初是秦代考古的特大豐收年代。繼秦始皇兵馬俑發現之後，一系列新的重大發現接踵而至：

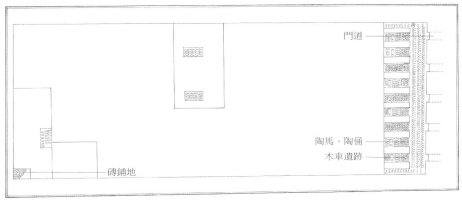

陶馬　　陶俑（箭頭表示俑的面部方向）

（1）1號坑平面圖

圖5-1　秦始皇兵馬俑

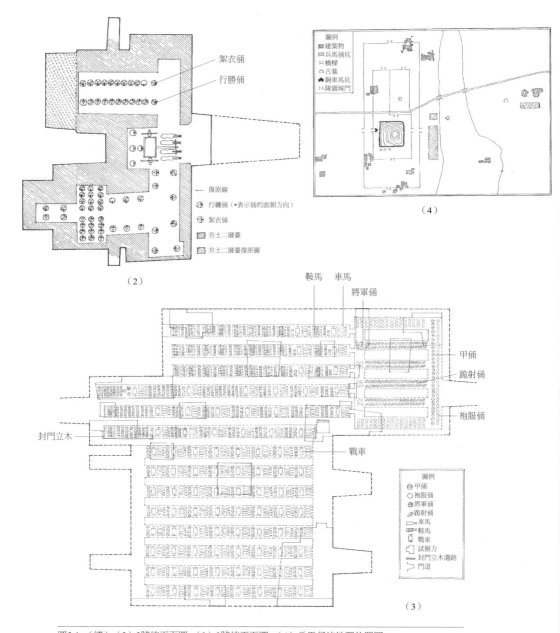

圖5-1　（續）（2）2號坑平面圖　（3）3號坑平面圖　（4）兵馬俑坑地理位置圖

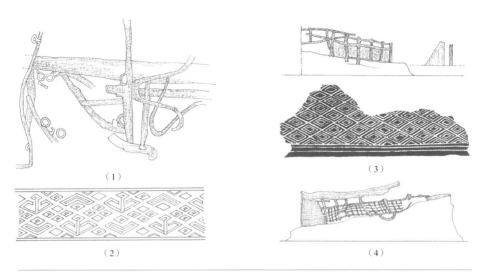

圖5-2 （1）秦始皇兵馬俑坑戰車局部痕跡與殘存的彩繪漆皮，2號俑坑T11號車前馬後出土的車軛等痕
跡圖 （2）2號俑坑T3號車車軾上殘存的漆皮圖案花紋 （3）2號俑坑T9號車車輢右內側立柱及漆皮立面
圖 （4）戰車前面車輢正立面圖

　　1974年10月，甘肅省博物館在平涼廟莊又探查出四座附葬車馬的秦墓，發掘了其中的
兩座，編號M6、M7，這兩座墓室呈「凸」字形，凸字的方形大坑放置棺槨，棺槨室的二層
臺上放置隨葬品，突出的小方坑則專埋車馬。兩墓都隨葬一車四馬，1號車（M6號墓）旁
只有兩匹服馬是全屍，兩匹驂馬只葬了馬頭；2號車（M7號墓）只有一匹服馬全屍，其餘
都用頭來代表，這種葬法在先秦時期是從未見過的。根據墓葬形式和隨葬品的特徵，這兩
座墓的年代當屬戰國晚期，接近秦統一六國的時期。[52]從墓中發掘出的兩輛車都是獨輈，
表面髹漆繪彩，車輿為橫長方形，軾前兩角圓，輈木上置立柱，由軹軬相連成輿輢，位於
車軸一線有高出周圍輿輢的車軾，形制都與先秦時期的車無大差別，唯一不同的是車輢之
外還有車圍。車圍似用藤條或其他纖維織物編成，方格網狀，表面也髹黑漆，有些像山
西太原金勝村晉國趙卿墓車馬坑1號車的車輢。兩輛車上都有傘蓋，1號車的傘蓋痕跡較清
晰，蓋頂殘存有六條呈輻射狀的條帶，2號車的保存較差，已不能分辨其形貌。車上的飾件
除1號車的軎、轄和兩個車轙為銅質外，其餘如衡飾、軛首飾等都為骨質。1號車還有一些
特別之處，在輪牙的外層包嵌了一圈白色皮革，車軎上懸掛着以紡織物為襯底，外用線串
綴綠色小料珠製成的珠帛飛軨，這些都是在以往的車馬坑中從未見過的（圖5-3、圖5-4）。

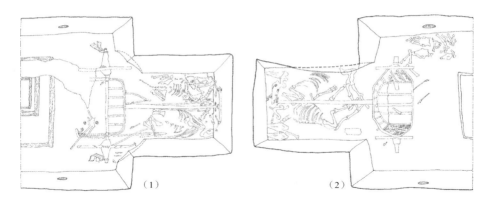

圖5-3 （1）甘肅平涼廟莊M6號墓平面圖 （2）M7號墓平面圖

1976年陝西省雍城考古隊在鳳翔八旗屯發掘了40座秦墓，其中有四座車馬坑，車馬坑的葬式與甘肅平涼廟莊的基本相同，都附葬在墓主右側或腳下。四座坑中兩座的遺跡保存較好。編號為BS26、BS33。BS26號坑內埋一車二馬，BS33號坑內埋三車六馬。車的形制與平涼廟莊的也差不多，但年代早於廟莊，屬戰國早期，[53] 所以不見有車圍痕跡。這些車馬坑與1978年在陝西長武上孟村發現的一座車馬坑（圖5-5），如按年代劃分都應屬於春秋戰國時期的車馬坑，但這些坑的葬式都具有明顯的秦國特徵，所以本書將它們列在秦漢部分介紹。

鳳翔八旗屯的BM103號墓中還出土了一件具有特殊意義的隨葬品——一輛不起眼的有兩根車轅的陶牛車模型。據發掘簡報稱，出土時泥質的灰色陶輪置於牛身後左右兩側，它們之間有木質車轅、軸、輿的朽痕（圖5-6），這是中國目前發現的自殷商以來最早的雙轅偶車模型，也是證明雙轅車出現於戰國初期的物證。

1980年冬，秦俑考古隊在始皇陵封土東側一個大型陪葬坑的過洞內發掘出兩乘銅車馬，這兩輛車的木質部分、駕車的馬、御車的人及車馬上的轡繩、革帶、纓絡等飾物都按照實物用青銅鑄成，重要之處還用金銀製品裝飾，尺寸大約是真實車、馬、人的1/2，這是繼秦始皇兵馬俑之後又一重大考古發現。[54] 發掘時發現，由於坑頂木槨腐朽塌陷，銅車馬已被壓成碎片，但所有物件、人、馬都處於原先的位置沒有大的移動，車馬的構件也齊全，經初步清理後整體裝

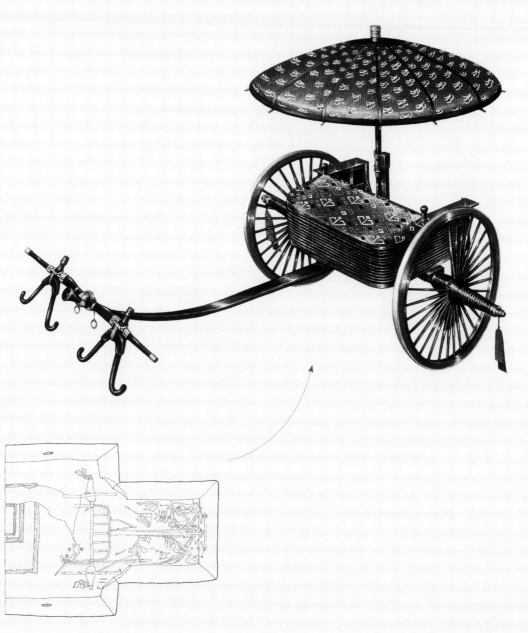

M6號車平面圖　　　　　　　　　　　　　　　　　　　圖5-4　甘肅平涼廟莊M6號車復原圖

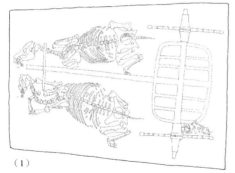 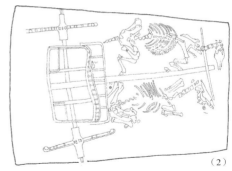

（1）　　　　　　　　　　　　　　　　　　　　　　　　　（2）

圖5-5　（1）陝西鳳翔八旗屯BS26號車馬坑平面圖　（2）陝西長武上孟村車馬坑平面圖

圖5-6　陝西鳳翔八旗屯BM103號墓出土陶牡牛和車輪（雙輪牛車的木質部分已腐朽）

箱運到室內進行研究、處理、修復，兩輛車前後歷時八年才修復完成，現都已公開展出（圖5-7）。1號車是輛立乘的戰車，車上配有各種兵器，2號車是輛可以坐臥的安車，獨輈，駕四馬。從車馬的裝飾、御車俑的服飾上可以看出兩輛車的等級很高，特別是2號車，很可能是按秦始皇生前的乘輿仿製的，而1號車是為2號車開道、警戒的導車。兩輛車的車身內外都有極為精緻的彩繪圖案，各種部件，如捆縛的皮帶、結扣及繩索等，從細節到質感都刻畫得極為逼真（圖5-8）。兩輛車被修復以後，澄清了很多古車研究的疑難問題，已成為目前研究古車形制，特別是獨輈車的駕馭方法的最主要參照範本，這方面在前文先秦部分已多次提及。

自20世紀70年代在陝西鳳翔八旗屯發現了一輛雙轅牛偶車後，1993年6月從湖北省荊州市周家台30號秦墓中出土了第二輛雙轅木偶車，這是輛馬車，車的雙轅、車輻與木馬頭已朽爛不存，但車廂、馬體都還完整，車上的髹漆塗彩也清晰可辨（圖5-9）。[55]墓中的木牘

（1）

（2）

（3）

圖5-7 （1）秦始皇陵銅車馬坑出土現場 （2）修復後的1號車（高車） （3）修復後的2號車（安車）兩輛車現陳列於秦始皇陵兵馬俑博物館

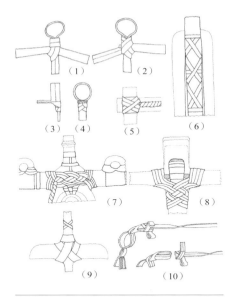

（1）　（2）　（3）　（4）　（5）　（6）　（7）　（8）　（9）　（10）

圖5-8 秦始皇陵銅車上的各種帶結 （1）—（4）軛與衡連結 （5）軸與靷繩連結 （6）軛側 （7）軛與衡連結 （8）衡與轅連結 （9）脅驅齒背面帶紋 （10）驂馬靷末端結

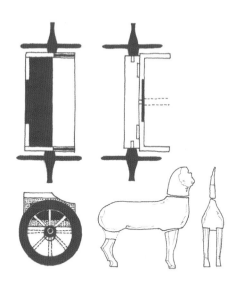

圖5-9 湖北荊州周家台30號秦墓出土雙轅木偶車

文字提供了該墓的準確年代——秦二世元年（公元前209年）。從結構造型上看，這種木偶車顯然是西漢馬車的前身。

秦代建國雖短，建樹頗多，諸多領域的開創、革新對後世產生了深遠的影響，只是在車的形制方面沒有明顯的突破。但車軨外包裹車圍是先秦時期秦國之外的其他國家未曾出現過的。

秦代車的車圍早在戰國初期陝西鳳翔八旗屯車馬坑就已有發現：BS33號車的車圍是用兩毫米寬的竹篾編織成的六邊形與等邊三角形相間的網格，上部固定在輿軨橫軹上，下部固定在軫木上，裏面還襯有朱紅色平紋絹帛，並用1.2厘米寬的皮條縱橫加固。甘肅平涼廟莊的車圍前文已介紹過，秦始皇銅車馬的1號車上好像也有這種車圍——在廂板外側鑄出的很細的軹軨不應是車軨，而應是與廟莊的車十分接近的車圍（圖5-10）。

車圍，古稱「轓」，車旁用皮革交錯結成的障蔽物。《說文解字》解作「車籍交錯也」，《集韻》則更明確，「重革之茷所以覆軨也」，與陝西鳳翔八旗屯BS33號車圍完全吻合。轓的作用可能是保護和加固車廂板的，這也從另一側面反映出戰國後期已開始流行封閉型車廂，不再如春秋之前車輿多四面敞開。比封閉型車廂更早流行的車軾與前軨之間的封閉

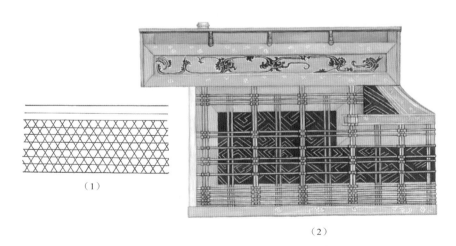

（1）
（2）

圖5-10 （1）陝西鳳翔八旗屯BS33號車車圍編織示意圖 （2）秦始皇陵銅車馬1號車車輿右側外欄板

形象在秦陵兩輛銅車上都有十分明確的表現，實物可與文字記載相印證。如，1號車的封閉物上有仿照織物的彩繪，可能表現的是布帛「袡」，2號車御手室封閉物上只塗紅彩，可能表現的是皮革「靯」，這都與《說文解字》、《廣雅·釋器》所釋相符（圖5-11）。

秦代車上還出現了車耳。

車耳，古稱「轓」，車兩旁反出如耳的部分，用以遮擋塵泥。一說指車的屏障，用以遮蔽車廂。轓在漢代很流行，其裝飾與色彩是官吏級別的標誌。《漢書·景帝紀》：「令長吏二千石車朱兩轓，千石至六百石朱左轓」。顏師古注引應劭曰：「車耳反出，所以為主藩屏，翳塵泥也」。

甘肅平涼廟莊1號車在位於車軾後兩側車輢的上沿伸出兩塊長方形的木板，這兩塊板應是車耳的朽痕（參見圖5-3）。對照秦始皇陵1號銅車，其車耳橫貫兩輢上沿伸出於輿

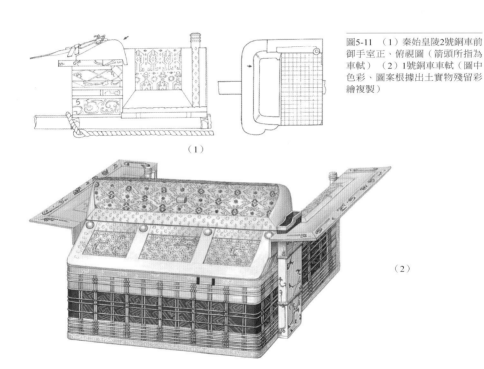

（1）

（2）

圖5-11　（1）秦始皇陵2號銅車前御手室正、俯視圖（箭頭所指為車軾）（2）1號銅車車軾（圖中色彩、圖案根據出土實物殘留彩繪複製）

後，兩輛車的車耳應是基本相同的，但甘肅平涼廟莊的車耳低於車輪，而秦始皇陵銅車的車耳覆罩在車輪上，前一種只能起到趙卿墓4號、9號車加寬的車軨的作用，後一種不僅能攔手，而且能擋住濺起的泥土（參見圖5-4、圖5-7（2））。秦陵2號銅車的車耳環繞整個車廂外沿（輪上部分比其他地方稍高），在車耳上豎立車廂板，把車廂自然地分為上下兩層，上層面積稍大於下層（圖5-12）。

薯上吊掛飛鈴也盛行於漢代，東漢畫像石的車馬圖中常見此物，甘肅平涼廟莊1號車上保存很好的飛鈴痕跡與秦始皇陵兩輛銅車上的飛鈴，證明使用此物始於戰國後期。飛鈴一般用布帛、皮革製成，容易腐爛，能在兩千多年後見到實物實屬萬幸。

秦始皇陵1號銅車的傘蓋插置方法也給我們頗多啟迪。先秦車馬坑中雖然也出土傘蓋，但如何插置始終是個謎，看了1號銅車上的「十」字拱形傘座後恍然大悟，原來數千年前祖先已開始用與我們今天同樣的方法插傘（圖5-13）。用傘座插傘蓋無須其他東西幫助固定，正符合危急時刻能隨時撤掉的要求。在傘蓋斗與車軨的背面還設有供拉持的把手（參

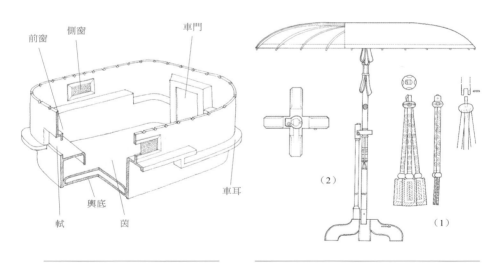

圖5-12　秦始皇陵2號銅車後室結構示意圖

圖5-13　（1）秦始皇陵1號銅車傘蓋斗下的綏正、側、俯視圖　（2）傘蓋與傘座的正視圖，插傘結構示意圖

見圖5-11（2））。這種把手在《說文解字》中稱作「軾」和「綏」，「軾，車軾中把也」，「綏，車中把也」。關於兩種把手的作用，過去的解釋有些混亂，《論語·鄉黨》曰：「升車必正立執綏」，古車車輪高大，輿底離地面較高，立乘時傘蓋須超出人頭頂之上，若上車時拉蓋斗下的綏是萬萬夠不着的，而因輿的進深淺，拉軾前的軾則剛好，所以應改為「升車必正立執軾」才對，當然軾、綏本是一物，古時通用也不能說錯了。既然上車時是拉軾，那麼綏又何用呢？可能是在車顛簸劇烈、人站立不穩時用來把持的。

秦代的傘蓋上還加飾飄帶，甘肅平涼廟莊1號車車傘蓋上留有較清楚的痕跡，這種貫頂的布帛飄帶在漢畫資料中經常出現。

秦代車的裝飾與先秦一樣考究而華麗，車輪的輪牙與車輻流行用黑紅兩色油漆，一般外圈為紅色、內圈為黑色。甘肅平涼廟莊的車輪外側截面上還用黑紅間色畫了13道帶狀紋飾，兩輛銅車車廂內外的精緻彩繪和兵馬俑坑戰車上的漆皮彩繪展示了秦代漆繪的高超技藝，其紋飾風格影響了整個漢代（參見圖5-4）。

漢代車的出土與復原

西漢中期之前在一些諸侯王墓中仍然隨葬真車真馬，埋葬的方法與河北平山中山譻墓的相同，有的將車馬置於主墓室旁的陪葬坑中，這些坑都用巨木壘壁蓋頂後再封填泥土；有的放置在龐大墓室的耳室中，所以車馬出土時全部像中山譻墓一樣腐朽坍塌成一堆灰土，保存好的很少見，其中較為重要的材料有如下幾批：

1978年在山東淄博市臨淄區大武鄉齊故城遺址附近發掘出西漢齊王墓，內置四輛車13匹馬，三輛大型車排列在墓內東南的4號車馬坑的西端，1輛小型車單獨置於坑東端。大車都已朽毀，地面僅能辨別出最上層的傘蓋痕跡，輪輿等大部分結構已無法清理，只能從散落的銅飾和漆皮大致確定車的輪、衡、軸的位置，只有4號車因車輿廂板是以木條與藤條編織的方格網做底，外面塗抹類似穀糠、骨末和白灰狀物質混合成的泥子，再貼附麻布，

並加以髹漆的緣故，所以沒有朽壞，出土時依然立於坑內（圖5-14）。這輛車車身低矮，車型小，獨輈，車衡很短，也不見車軏，車廂的前半部設有車座，車輿外側和車耳頂面用紅、白、綠、藍四色彩繪，車輈上也繪有38道紅色帶紋，裝飾華麗，疑是又一輛用人駕輓的輦車（圖5-15）。齊王墓主為劉襄，葬於漢文帝元年，這座墓在西漢諸侯墓中年代最早。[56]

1968年在河北滿城發掘的中山靖王劉勝與其妻竇綰的墓，在兩人墓室的耳室與通道中共發現10輛車、29匹馬，由於墓室滲水和朽腐已甚，10輛車的遺跡無一幸存，只在地面上留下了一堆堆的車馬飾和少量漆皮，根據車馬飾和殉馬數分析10輛車都是獨輈車（圖5-16）。從這兩座墓中出土的車馬器不是錯金銀就是鎏金的，車廂上的漆繪也很華美，據此推測這些車都是高級乘輿。史載劉勝卒於武帝元鼎四年，竇綰卒年略晚於劉勝，這兩座墓的年代要比齊王墓晚。[57]

1973年在河北定縣發掘的中山懷王劉修墓，從「凸」字形墓室的前右室也發現三輛車，13匹馬。其中兩輛為駟馬車，一輛配

圖5-14　山東臨淄大武鄉西漢齊王墓4號車馬坑平面圖

圖5-15　山東臨淄齊王墓4號車馬坑4號車復原圖

（1）

（2）

圖5-16 （1）南耳室車馬遺物分布圖 （2）北耳室車馬遺物分布圖

置三馬，尚餘兩匹不知何用。駟馬車為獨輈車是無可置疑的，三馬車很可能是雙轅車。由於此墓不僅被盜掘，而且遭火焚，所以遺物凌亂，痕跡全毀，但從遺存的鎏金車馬飾件、淺蔥綠色的車蓋殘痕及朱漆輪痕可以想像這些車也都很華貴。[58]懷王劉修為漢宣帝時人，此墓年代又晚於滿城漢墓。

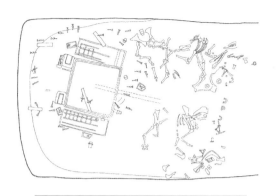

圖5-17　山東曲阜九龍山4號墓西車馬室出土平面圖

1970年山東省博物館在曲阜九龍山一次發掘出四座西漢中期的魯王或王后崖墓，從四座墓中共發現12輛車與一批木車馬模型（明器）。出土的車馬器不僅有錯金銀紋飾，還鑲嵌了瑪瑙、金片與綠松石。2號墓西室的一輛車的車痕周圍與傘蓋的痕跡上，多處殘留繪有流雲與鳳凰圖案的漆皮，馬頭骨上除當盧外還配有獸頭飾，發掘簡報認為這是輛西漢貴族出行乘坐的「鳳凰車」。[59]四座墓因為早年被盜，並且有些馬是生殉，臨死前的掙紮可能毀壞了殉車，所以留下的痕跡散亂，對車的形制也無從探究（圖5-17）。

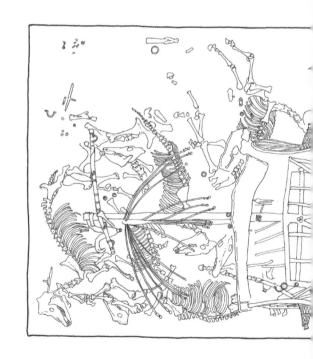

1974年中科院考古研究所在北京西南郊大葆台發掘出廣陽傾王劉建與王后的墓，編號為1號、3號漢墓。在兩座墓的南墓道各有三輛殉車，1號墓殉馬13匹，2號墓殉馬10匹。2號墓因被盜後遭火焚，殉葬車痕已蕩然無存，僅留下少量的車馬器。1號墓也因墓道封土坍塌導致三輛車被砸壓變形，其中3號車損壞最嚴重，車輪已脫離原位，萬幸的是該墓未遭盜掘，車雖壓壞但痕跡沒有擾亂，車表面的髹漆也保存得很好，局部紋飾清晰可辨，根據漆皮與木質朽痕可測量出三輛車的大部分尺寸，並能對1號、2號車進行復原。[60]三輛車都是獨輈車，1號車車廂狹長，兩椅與軾前用木板封閉，車輿中部插有圓形車蓋，是一輛小車。2號車車廂較大，軾前封死，兩椅與後部為車軨，軠亦有可以開啟的用軹軨構成的門。車蓋像篷，由車廂四角的立柱延伸支撐，蓋弓結構與秦始皇陵2號銅車的相同，三輛車的輪轂均彩繪，車書全部鎏金（圖5-18、圖5-19）。這兩座墓的

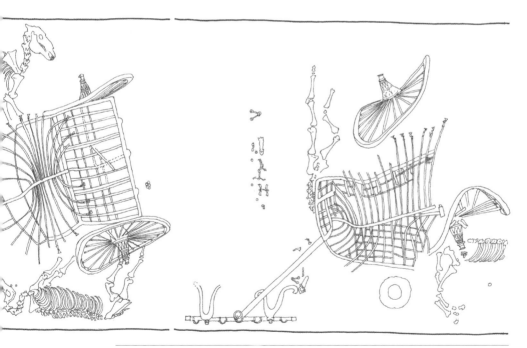

圖5-18　北京大葆台漢墓1號墓道內車馬遺物出土平面圖。1號墓墓道內車馬遺物分布圖（南端）

（1）

圖5-19 （1）北京大葆台漢墓1號車復原圖

（2）

圖5-19 （2）北京大葆台漢墓2號車復原圖

年代在宣帝末年至元帝初年之間（公元前48年前後），比河北定縣的劉修墓略晚。

　　1991年河北省文物研究所在獲鹿縣新城鄉高莊村的西鳳凰山下，發掘了一座漢墓，該墓規模宏大，主墓室內放置了九個大木箱，在M1Ⅲ號木箱內葬有三輛實用車，12匹馬。M1Ⅵ號箱內放置了九輛明器車。三輛實用車的木質都已朽蝕殆盡，只能根據漆皮的痕跡和車上的金屬飾件散落的位置判斷車的基本形象和結構，三輛車都是獨輈，都有傘蓋，1號車是輛類似於秦陵銅車馬戰車的小型立乘車，2號車廂比1號車大，是輛雙人座的輬車，3號車是安車，車廂四面封閉，類似於秦陵銅車馬的2號車，在這輛車痕跡四周遺留有大量彩繪漆皮，上面用白、紅、紫、綠、黃等色繪製鳳鳥、雲紋，十分精美。明器車因放置的木箱蓋板和箱壁的坍塌，且多次浸水，除了散落的青銅飾件能大致判斷每輛車的位置外，遺跡幾乎無存，保存情況很差（圖5-20）。[61] 高莊漢墓的墓主是西漢憲王劉舜，舜死於漢武帝元鼎三年，與河北滿城中山靖王劉勝的墓屬於同一時期。

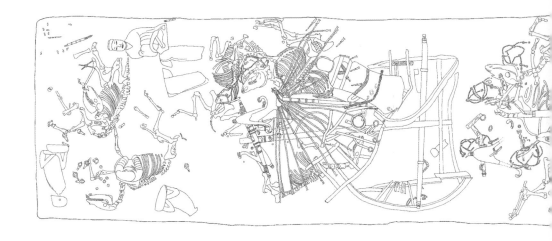

圖5-20　河北獲鹿新城鄉高莊漢墓M1 Ⅲ號廂隨葬車馬平面圖

以上殉車基本全是獨輈車，少數車輛由於痕跡模糊，根據殉馬數推斷有可能是雙轅車，但推斷有時並不可靠，一些墓內常常會發現按照車輛配置殉馬後而多餘的馬匹，所以可靠的結論應以車痕為準。

　　漢代的雙轅車在出土實物中絕大部分是偶車，其中年代最早的出於湖北江陵鳳凰山167號漢墓，屬西漢初期。該墓發掘於1975年，[62] 位於今荊州市郊的楚紀南城遺址內。車模型通長60厘米，高（包括車蓋）39厘米，除了雙轅為竹質，其餘都用木料做成。雙轅如獨輈，前端翹起，雙轅轅頭之間架車衡，單軛置於衡中間，車輿軾前封閉，兩輢前低後高，上緣裝有車轓，輿後敞開為軓，上端有一橫木，兩端架於伸出輢後的轓上，似可供坐乘者仰靠，輿底墊有繡絹，象徵坐墊。整個車廂用兩個伏兔緊固在軸上。車輪由四條輪牙拼合而成，16輻，轂輇一體，無銅飾；傘蓋插於輿的中間，直徑61厘米，有竹弓23根，弓端套有木製蓋弓帽，用一竹圈將各弓連成一體，上覆紫絹；輿內有一彩繪跪坐的車御木俑，車旁放置兩件木馬，全車通體髹黑漆，軾前繪有卷雲紋飾，傘蓋周邊也有朱繪緣飾

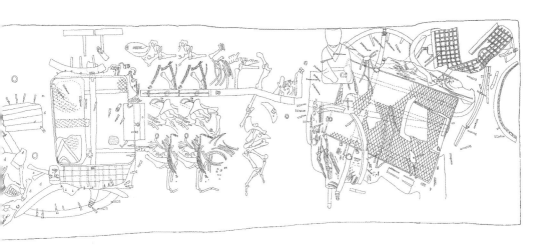

（參見圖5-21（1））。

　　1992年在鄰近的荊州市蕭家草場26號漢墓中又出土了一輛雙轅木偶車。這輛車的形制與秦代周家台的一輛較為接近，軾前的彩繪則與江陵鳳凰山的相同，這輛木偶車的底座是用黑白兩色來區別主人與馭手的座位的（參見圖5-21（2））。

　　江陵鳳凰山167號漢墓還出土了一輛雙轅牛車的模型，也是用竹木製成。車的形制與臨淄淄河店2號戰國墓所出土的棧車很相似，但輿後無車軨隔欄，車轅尾部延長了一段，兩根延長的轅尾之間橫貫一木，構成「H」形的車軨，這樣就更便於裝載貨物了。牛車的車衡很特別，中部寬而扁平，兩頭微彎如鈎狀，似為駕輓牛車而專門設計的（圖5-22）。

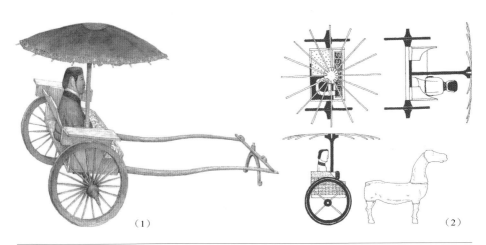

（1）　　　　　　　　　　　　　　　　　　　　　　　（2）

圖5-21　（1）湖北江陵鳳凰山167號墓出土雙轅木輻車（根據實物寫生）　（2）湖北荊州蕭家草場26號漢墓出土雙轅木偶車正、側、俯視圖

圖5-22　江陵鳳凰山167號漢墓出土
雙轅牛車模型（根據實物寫生）

1951年在湖南長沙伍家嶺西漢晚期203號墓中也出土了四輛偶車和一件車廂的模型。四輛車都是雙轅車，因腐朽並被墓頂崩落的泥土壓砸，都已散架、斷折。1號車殘毀嚴重，僅能依稀辨別出是一輛車廂前後長、左右窄而上面有篷的大車。2號、3號車情況較好，可以根據部件拼接復原，這兩輛都是小車，車廂的外形和傘蓋與大葆台1號漢墓的1號車很接近。4號車的車廂由五塊木板拼合而成，車輈兩側裝有兩塊三角型的欄板，車的形制實際上與2號、3號車屬同一類型，但發掘簡報根據它既無傘蓋且無輿軨結構的特點認為該車是輈棧車，其實看5號車廂的模型才知道5號車是棧車。這件無輪的車輿前後敞開，兩轅以木板為之，輿後也有伸出的車軹，形制應與江陵鳳凰山167號漢墓的木牛車相同。唯一覺得費解的是兩根車轅的裝法很奇特，轅向車廂左右前方斜向伸出，轅首的間距大大超過車廂甚至車軸的寬度，如此裝法的轅在其他出土實物中從未發現過（圖5-23）。[63]

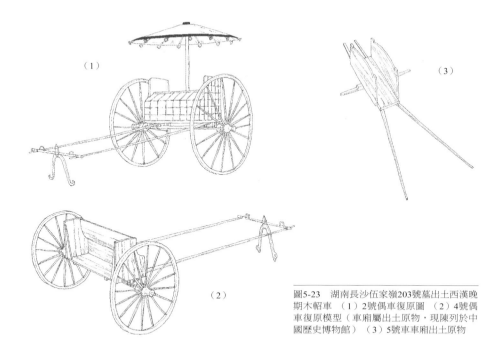

（1）

（3）

（2）

圖5-23　湖南長沙伍家嶺203號墓出土西漢晚期木軺車　（1）2號偶車復原圖　（2）4號偶車復原模型（車廂屬出土原物，現陳列於中國歷史博物館）　（3）5號車車廂出土原物

1972年甘肅博物館在清理武威磨咀子漢墓時，從48號墓中出土了一組大型木車馬模型。[64]木車馬保存完好，雖因腐朽有所殘缺，但經修補都已復原，現陳列於甘肅博物館。木車是輛雙轅馬車，通高97厘米，長80厘米；車輿的外形與長沙伍家嶺203號墓的2號車相同，軾前和兩輢封閉，輢上裝有銅較；輿底主人座位處雕刻出略高的茵墊；輿的中部插有傘蓋，傘柄及蓋斗皆木質，傘柄分為兩節，中間有銅轉轃連接，傘弓竹製，邊緣以細竹圈圍繞、固定於銅質蓋弓帽的小棘上，傘頂覆以皂繒；在車輿的前軫木之外、雙轅之上還擱置了一個竹編的車笭，笭身為六角形空孔圖案；車輪由六條輪牙拼合而成，車輻竹製，裝法為偏輻的輪縛；車軸、車轂均木製，軸端套有銅軎；雙轅首昂起如蛇頸，架於兩轅間的車衡已朽爛無存，但車軛完好，上有銅質軛首、軥飾；在車輿內還有一木雕彩繪的跪坐御車俑。駕車的馬亦是木雕，高89厘米、長78厘米；呈昂首嘶鳴狀，模樣甚為雄壯；馬首還有銅質當盧和銜鑣。整組車馬用紅、白、黑三色彩繪，這是偶車中製作最精緻、藝術價值最高的一乘（圖5-24）。

圖5-24　甘肅武威磨咀子漢墓出土木軺車（根據實物寫生，甘肅省博物館藏）

1965年在江蘇漣水三里墩的西漢墓中，還出土了一件輿、輪用銅鑄的車模型。這件明器的車廂呈橢圓形，三面輿軨結構，後面空出為車茵；車軨高出車軨，兩軨最上層的橫軨寬而扁平；輿底鑄出鏤空的斜方格網以象徵皮革或其他材料的編織物。沒有發現車轅、衡軛和車軸，可能原來都是木製品，現已朽爛無存。[65] 根據這輛車輿的外形判斷該車應是獨輈車，與太原金勝村趙卿墓的1號車頗相似（圖5-25）。

　　西漢中期以後貴族墓室流行用壁畫和畫像磚進行裝飾，西漢末至東漢初此風更為倡行，影響到以後的整個封建時代。在壁畫與畫像磚所描繪的題材中最多的是車馬出行圖，有些圖上在車與人物的上方還注明車的名稱及人的官職，這些資料就成為研究西漢後期及東漢車制的重要參考材料。但是繪畫圖像都是平面的，中國畫又不注重寫實，並且因為破損、色彩剝落等因素，大都不甚準確、清楚，所以如同殘缺的出土實物一樣，經常會產生很多疑問。

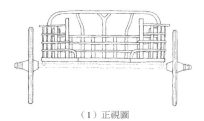

（1）正視圖

（2）側視圖

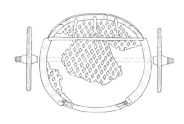

（3）俯視圖

圖5-25　江蘇漣水三里墩西漢墓出土銅車模型（圖中軸、轂系根據推測所加）

那麼東漢時期有沒有作為明器的偶車實物呢？有，但是數量不多。

1976年貴州省博物館在興義與興仁兩縣之間發掘了一批東漢時期的磚室墓，從M8號墓中出土了一套銅車馬，車的製作精巧，具有秦陵銅車的遺風。這輛車形制特殊，車廂呈豎長方形，廣窄，進深長。兩側軨上各立輢柱四根，以一縱向長銅杆扣壓固定，立柱之間插着捆有兩根竹芯外裹銅鉑的車篷杆，在輢柱與篷杆之上蒙覆一層0.1毫米厚的銅鉑以封閉車廂的兩輢與頂。蒙覆的銅鉑在兩輢外側、篷蓋前後緣及中間的帶狀部位刻有雲紋，半圓形篷頂外側分前後兩塊刻有簟席紋以表明篷蓋的材料，在車廂底部也鋪墊了一塊刻有織物包邊紋線的銅鉑，代表的是織錦車茵，這件茵的形制與秦陵2號銅車的完全相同。茵上還殘留有紡織品的痕跡。車廂後部疑有車門，車門上端疑有鏤空花板，前部可能懸掛遮擋織物，因整個篷蓋和底墊皆鏽蝕嚴重，不能確認。車輪的輪牙寬而薄，分兩片對接，內側鑽孔以裝輻，輻共12根，兩頭細中間寬而扁。轂中空，穿軸可以滾動，最粗處鑿有孔以容納輻。軸與伏兔一體鑄成，伸出轂外部分代表車軎，不見銅轄。雙轅翹曲如蛇頸，前細扁而後粗圓。雙轅之間架有圓柱形車衡，衡兩側各有一蟻。車軛縛在衡中間，形狀頗像馬蹄鐵，軛體扁寬，彎如拱橋，與以往的有較大差別。在軛軥和雙轅中段的平直處連有兩根代表加固杆的銅條。全車各個銅構件有的在相接處鑽孔，上下對準後用銅片綁縛固定，有的鑽孔後鉚合。駕車的銅馬也是分頭、耳、頸、軀體、尾、四肢等11塊部件分鑄，採用鉚與粘合方法裝配而成。馬戴有面具，面具與頭一體鑄成，上面塗有金色，馬耳內塗朱，以此推測車馬當初是彩繪的。在馬身上原來還有轡頭鞁具，皆用四毫米寬的鎏金薄銅片製成，因鏽蝕殘斷已不可復原。整組車馬長112厘米，高88厘米（圖5-26），與甘肅武威磨咀子的木車馬大小差不多，是輛大型的明器模型車。[66]

1969年甘肅省博物館在武威市北郊的雷台發掘了一座東漢晚期的墓，從墓的前室中出土了14輛車，39匹馬，一頭牛和45件俑人，都是銅鑄明器，馳名中外的「馬踏飛燕」銅奔馬就是在這裏出土的。[67] 這座墓早年被盜，墓中隨葬品可能有缺失，銅車馬和俑的數

圖5-26　貴州興義、興仁出土銅車馬（中國歷史博物館藏）

量可能還不止目前這些。在銅車馬、俑身上大都刻有文字，根據文字分類計有斧車一輛，軺車四輛，小車兩輛，輂車三輛，大車三輛，牛車一輛；俑分奴婢、牽馬奴、御奴、將車奴、將軍俑，排列起來的全部車馬表現的是東漢官吏出行的場面。

14輛車雖有多種名目，但按車的外形區分只有兩種，第一種包括斧車、軺車與小車；第二種包括輂車、大車和牛車。斧車與軺車製作較精細，車輿外形與武威磨咀子木車基本相同，車輪亦為輪綆，輿前雙轅上亦擱置車笭；轅有些特別，平面與側面都有弧度，側面弧度與武威磨咀子木車相同，平面則在伸出輿部中斷向內折彎使轅首的間距縮小；轅首間架衡，衡中間一段拱起，兩端起拱處有軛；軏在衡中，外形與貴州興義銅車的比較相像，軏軥處有銅環，軏肢與轅亦連有銅絲做的加固杆；車輿的底部鏤空成菱形，菱形格較粗大，在兩輢和輿底還殘留有紡織品朽痕。斧車無車蓋，輿中插一銅斧，軺車有蓋，蓋頂也用銅澆鑄，上留有12根撐竿的鏽跡，傘杠與蓋頂連為一體，下端有榫，可以插在輿底上。小車的外形與軺車一致，但製作較粗糙，如輿底菱格花紋不鏤空，傘蓋柄較粗，蓋頂與杠

鉚接而不連鑄，輿前的等只用折起的銅板來表示等（圖5-27）。

　　輂車、大車和牛車的外形與長沙203號墓出土的5號車廂模型有相同之處，車廂縱長，兩側是封閉的輢板，雙轅的前段如同軺車，側面向上翹起，平面向內微彎，轅身鑄成帶刺的樹枝狀，輿後也有車軨。三種車中輂車的製作較其他兩種車認真，且輂車後部設有車門，輢板外側裝有銅環，內壁殘留有織物朽跡；而大車則只有橫攔而無門，出土時在三輛大車的輿內還有粟粒的痕跡，可見輂車有時也供坐乘，而大車則是專載貨物的運輸車了。輂車與牛車駕輓也用車軛，但軛較小，在現場僅發現一具，大車的形制既然與輂車相同，駕輓方法當也不會兩樣。類似這種輂車的銅車馬在甘肅地區出土較多，蘭州市華林坪東漢晚期墓出土的一乘，與上述的輂車、大車如出一轍（圖5-28）。

（1）　　　　　　　　　　　　　　　　　　　　（2）

圖5-27　（1）甘肅武威雷台東漢墓出土銅軺車　（2）斧車正、側、俯視圖

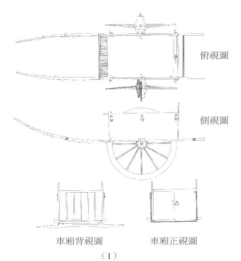

（2）

圖5-28　（1）甘肅武威雷台東漢墓出土34號銅軬車
正、側、背、俯視圖　（2）蘭州市華林坪東漢墓出土
銅軬車（甘肅省博物館藏）

車廂背視圖　　　車廂正視圖
（1）

俯視圖

側視圖

　　漢代的車主要供達官顯貴乘坐，所以在裝飾上追求奢華。

　　河北滿城漢墓出土的大量錯金銀、鎏金銅車器具有一定的代表性。先秦時期的那種片
形軸飾在這時鑄成了半立體的獸面，獸面上再鑲嵌着精細的錯金銀紋飾，其他如車轙、銅
環、衡飾、車較等面積只有幾厘米的小件銅飾也都滿布繁縟的紋飾（圖5-29）。

　　車較（較），主要流行於漢代，其作用應等同於秦車上的綏，是供乘車者把持用的。
《集韻·入覺》引《說文》「車輢上曲鈎也」，甘肅武威磨咀子木車提供了車較的裝置方
法（參見圖5-24）。

　　此外，鎏金的柱飾，車軏飾也比先秦時考究，軥飾全部鑄成造型別致的獸首，特別是
轅飾更是別具一格。河北滿城漢墓1號墓出土的一件外形為龍首，龍鼻扁長前伸如勾，前齒
閉合，口中銜一圓形鎏管（鎏管上有銷孔，是用來插車衡的），兩角卷曲有穿可以當車轙
用，頸中空便於安裝在車輈上，出土時頸中尚遺有一段朽木。這件軥飾鎏金且鑲嵌瑪瑙和
綠松石，是繼河南輝縣、淮陽出土的獸首、龍首轅飾之後的又一件藝術珍品（圖5-30）。

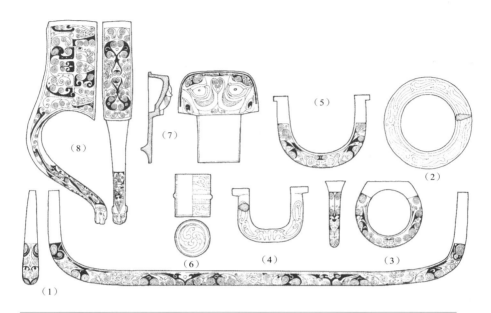

圖5-29　河北滿城漢墓出土錯金銀銅車器　（1）車較　（2）、（3）環　（4）、（5）車軏　（6）軎首飾　（7）軸飾　（8）承弓器

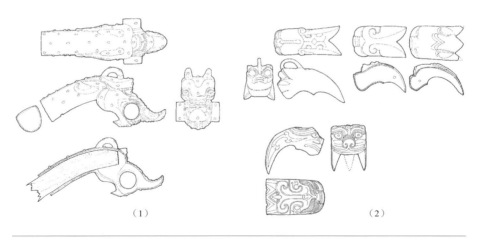

圖5-30　（1）河北滿城漢墓出土鎏金龍首轅飾正、側、俯視圖　（2）鎏金軛軥飾正、側、俯視圖

西漢的轅飾主要是傳統造型，也出現一些新的式樣，如山東臨淄齊王墓4號小車的銅轅和廣州出土的一件，銎面扁方，前者外形像鴨嘴，後者是一線條簡潔的獸頭。這兩件轅飾的藝術風格較獨特，而西北地區的草原民族則多以形影不離的馬、羊等家畜形象做轅飾和柱飾，造型逼真生動（圖5-31）。

漢代還頗重視車傘蓋的裝飾。傘蓋以絹、繒等紡織品作面料，其上交叉飾有兩條帛帶流蘇，垂下的四角縛於車軨或角柱上，這種裝飾始於戰國後期的秦國，至漢代風行一時。傘蓋上最主要的兩種銅飾，軑軏與蓋弓帽也極盡華麗。

河北定縣出土的一件僅26.5厘米長的錯金銀狩獵紋車杠軑軏，分四段雕滿了非常精緻生動的人物與飛禽走獸，紋飾之間還有規律地鑲嵌上菱形和圓形的綠松石，這件軑軏看來一定能為乘車者在旅途中把玩欣賞之餘解除疲勞與寂寞（圖5-32）。蓋弓帽雖然在戰國後期已出現較為華麗的造型，但在當時還不普及。到漢代蓋弓帽大部分都變得帽身長大、頂部膨出呈四瓣八棱的花朵形，山東曲阜九龍山出土的一種帽身前端為一龍頭、龍口內含一花朵、花朵中還有一人面、全都鎏金的蓋弓帽，這種蓋弓帽應即

（2）

（3）

（1）

（4）

（5）

（6）

圖5-31 （1）山東臨淄齊王墓4號小車轅飾 （2）廣州漢墓出土轅飾 （3）盤角羊轅飾 （4）立式馬柱頭飾 （5）立式羚羊柱頭飾 （6）立式異獸柱頭飾 （（4）—（6）均自內蒙古准格爾旗漢代匈奴墓出土）

《後漢書・輿服志》所稱的「金華蚤」（圖5-33），是顯貴華輿的標誌。

漢代的車書仍然沿襲了先秦以來的形制，只是尺寸更小些，多為短圓筒形，在轄孔的周圍有凸出的轄座，轄貫入後沒入孔中，外表不再露出。書面不是鎏金的就是錯金銀的，素面的相對較少（圖5-34）。

漢代還時興在車的前軨木前裝置車笭，《釋名・釋車》曰：「笭橫在車前，織竹作之，孔笭笭也」。關於笭的作用，各書解釋都不明確，筆者認為是用來遮擋塵泥，保護輿前廂板、軨木用的：先秦的獨輈車，馬在輈的兩側，服馬後足站立的位置一般在輿前的轉角處，改為雙轅後獨馬駕輓，這時馬臀正對着車中心，奔跑時後足掀起的塵土必定會弄髒前廂板，這就很有必要在前面安一竹編車笭來加以遮擋。

絕大多數漢代車的車廂三面封閉起來，封閉的方法除了用帛革、木板之外，還用如臨淄齊王墓4號車的以藤條為骨架外抹混合膏泥的辦法，但這種辦法不見於史籍（採用這種封閉法的優越之處顯而易見，不僅減輕了車的自重，而且還不會開

圖5-32　河北定縣出土錯金銀狩獵紋銅軑軝及花紋圖案展開圖。

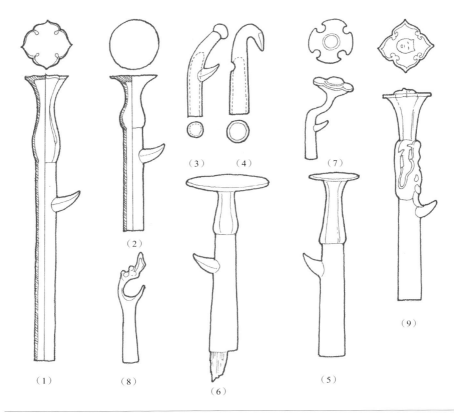

圖5-33　各地出土的鎏金銅蓋弓帽　（1）—（4）河北滿城劉勝墓出土　（5）（6）廣東廣州出土　（7）湖南長沙出土　（8）河南洛陽五女塚出土　（9）山東曲阜九龍山出土

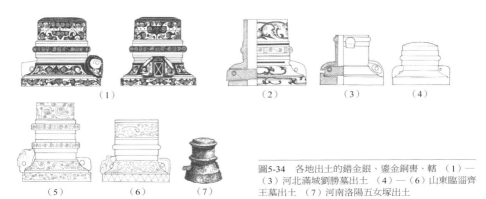

圖5-34　各地出土的錯金銀、鎏金銅軎、轄　（1）—（3）河北滿城劉勝墓出土　（4）—（6）山東臨淄齊王墓出土　（7）河南洛陽五女塚出土

裂）。車在使用過程中難免日曬雨淋，木製廂板也因此會有裂縫，為了不影響車外表美觀，秦代流行裝車圍，柔韌的藤在一定程度上能夠阻止木板的收縮變形。

車廂封閉後所形成的大塊平面給裝飾彩繪提供了用武之地，河北滿城、獲鹿高莊漢墓與北京大葆台等處都發現過大量的彩繪漆皮（圖5-35），其精美程度雖不及秦陵銅車，但以諸侯王的身份而論已經是夠奢侈的了，更何況還有那些美輪美奐的車飾。

漢代的車輪車轂彩繪沿襲了秦代風格，輪牙與車輻上依然流行紅黑相間的雙色圈，只是轂面上的紋飾稍有不同。以保存很好的北京大葆台三輛車的車轂彩繪為例，轂表面一般以紅色為底，輪外一側勾畫有十道黑色帶紋，帶紋中間勾畫兩道鋸齒紋（圖5-36），如此彩繪的輪、轂稱作「朱班輪」，《後漢書·輿服志上》載：「皇太子、皇子皆安車，朱班輪，青蓋，金華蚤，黑櫹文，畫轓文輈，金塗五末」。（紋輈參見圖5-16）這樣裝飾的車稱「王青蓋車」，根據這些標準，西漢初期的幾座諸侯王墓都隨葬有「王青蓋車」。

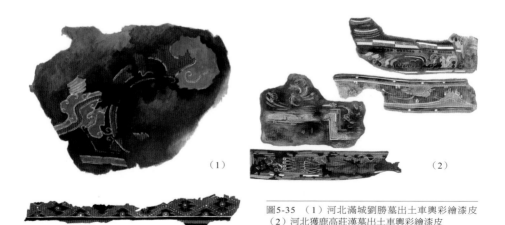

（1）

（2）

圖5-35 （1）河北滿城劉勝墓出土車輿彩繪漆皮
（2）河北獲鹿高莊漢墓出土車輿彩繪漆皮

圖5-36　北京大葆台1號漢墓3號殉車車轂彩繪保存情況（根據照片繪）

陸 · 秦漢車制革新與雙轅車的類型和用途

秦在統一中國的過程中曾對六國的輿服制度徹底梳理了一遍，將各國先進的樣式與技術匯集起來，《後漢書・輿服志》曰：「上選以供御，其次以賜百官」，客觀上為車輿製造業的發展創造了有利條件。秦亡後，西漢基本沿用秦制，所以從秦代至西漢中期獨輈車仍是主流，獨輈車的主要部件基本保持了先秦以來的樣式。但對先秦時車的一些重要部件的結構、尺寸進行了一定的改進和調整，使車的性能構造更合理、科學和實用，具體表現如下。

高車的車軾與車輢的改進

《後漢書・輿服志》劉昭注引徐廣曰：「立乘曰高車，坐乘曰安車」。立乘之車主要是兵車與畋獵之車。但先秦時期無論兵車還是乘車，為能適應坐乘和立乘，車輢與車軾一般都較低，所以當時沒有「高車」的說法。

「高車」一詞出現在秦以後。所謂高車無非高在車軾、兩輢與傘蓋上，《考工記・輿人》曰：「參（三）分其隧（車廂進深），一在前，二在後，以揉其式（軾），以其廣（車廂寬）之半為之式崇（高）」。這是先秦車軾高度的標準，對照先秦出土的車，包括戰國末期秦國的車，這一記載基本正確（參見出土車的尺寸表）。然而如果把秦始皇陵1號銅車的車軾高度加一倍計算，就會發現其尺寸遠遠超出以往所有的車，有的和人的腰部齊高，這與現代的重心安全標準已很相近了（圖6-1）。車軾的大幅度提高，帶動兩輢也有所升高，使車輢高出車輪之上，這樣在軌距縮短、車輪貼近車廂後也就有條件裝置寬車耳（輣）以遮擋塵泥。

車輿三面的車輢和車軾同時升高的結果就使車不能再坐立兩便了，這種車只能立乘，故謂之「高車」。當然，若一定要坐乘也是可以的，那就要安置車座，一經安置車座就需適當降低車軾與兩輢相平，山東臨淄齊王墓的4號車就是這樣的，而有了車座再要立乘又不可能了。

圖6-1　秦始皇陵1號銅車車軾的高度

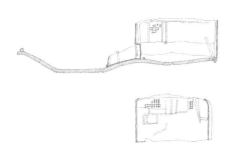

圖6-2　河南淮陽馬鞍塚2號車馬坑13號車出土正視、剖面圖

總之，秦代以後，高車立乘、安車坐乘已不再互相兼容，這是秦漢車制的明顯特徵。

安車車廂結構的改進

秦始皇陵2號銅車是一輛較為典型的安車。其車廂的正面、左右兩側都有窗戶，正面的窗戶可以向外撐開或脫卸，左右兩側的可以推移，後面有向外開啟的門扉，這種四面可通風，「閉之則溫，開之則涼」（《史記·李斯列傳》），隨時能調節車廂溫度的車古時稱作「輼輬車」，這樣的車在河南淮陽馬鞍塚與河北獲鹿高莊漢墓內曾發現過幾輛，尤以馬鞍塚2號車馬坑的13號、22號車與秦始皇陵2號銅車最相似（參見圖2-68）。但從河南淮陽馬鞍塚13號車的正視圖與剖面圖中可以看出車廂的三壁（正面除外）都是直立的（圖6-2），沒有像秦始皇陵2號銅車那樣沿車輈向外摺翻，直立的廂壁只能讓乘者坐靠，不如廂壁有憑依、可擱手舒展雙臂來得舒適。秦始皇陵2號銅車還有兩條車軾，一條在御手室前，上文已作說明，另

一條藏於後室內，表面蒙覆與兩側車輈折沿相接，軾下中空可以容膝，車廂前部變成為一頗寬大的憑几，若要書寫或伏几假寐完全綽綽有餘（參見圖5-12），這些結構上的改進與革新使有限的空間得到了充分利用。

西漢中期以後獨輈車逐漸被雙轅車取代，雙轅車的普及使獨輈車原有的構件部分被淘汰，部分被改造重新利用，新的車種就在此基礎上誕生了。

有漢一代使用最廣的是軺車。《說文解字‧車部》曰：「軺，小車也」。其車輿形制具有返古韻味，應是從周家台30號秦墓木偶車和北京大葆台1號獨輈車車型上繼承、改變過來的，江陵鳳凰山、甘肅武威磨咀子、長沙等地出土的雙轅明器車都屬於軺車。

軺車由於車廂進深很淺，車軾低於兩側車輢且又橫於車廂中間，所以感覺車廂內的空間十分局促。軺車的形制從出現至東漢末三百餘年間沒有發生大的變化，它頻頻出現於漢墓壁畫與畫像石上（圖6-3）。從畫面圖像上可以看出，這種車是官僚士大夫使用最普遍的車，是出遊、上朝等短程出行中的代步工具。軺車在改變裝飾、增減某些附件後車名也往往隨之改變，例如：

去掉傘蓋、不施彩繪就被稱為「小車」，是王侯顯貴的奴僕隨從，官署的下級屬吏的坐車。

|（1）|（2）|

圖6-3 （1）河北安平逯家莊東漢壁畫《君車出行圖》（2）山東沂南北寨村東漢墓出土畫像石《車騎出行圖》

小車插上斧鉞又稱「斧車」，是漢代貴顯出行車隊的前導車（圖6-4）。

　　軺車如在兩輢外側裝上屏蔽物，又被稱作「軒車」。軒車是卿士的坐車。屏蔽物像方形屏風，製作的材料有多種：

　　第一種是席，《周禮·春官宗伯·巾車》：「漆車，藩蔽、豻䄌、雀飾」，鄭玄注：「漆車，黑車也。藩，今時小車藩，漆席以為之」。

　　第二種是魚皮，《左傳·閔公二年》：「歸夫人魚軒」，杜注：「魚軒，夫人車，以魚皮為飾」。

（1）

圖6-4　斧車圖　（1）河南榮陽萇村漢墓壁畫　（2）山東沂南出土畫像石

（2）

第三種是皮革，《文選・張衡〈東京賦〉》：「乘軒並轂……鸞旗皮軒」，李善注：「皮軒，以虎皮為之」。

第四種是織物，河南滎陽萇村的漢墓壁畫上的軒車屏蔽材料呈半透明狀，似絹羅織品為之（圖6-5）。

輻車有時還作公務車用，河南滎陽壁畫中有一幅圖上描繪了白蓋輻車上坐一手持信件之類物品的白衣吏員，他可能是在為官府大臣送緊急公文或通報拜帖，這輛白蓋輻車應是官府的公務車（圖6-6）。

（1）

（2）

圖6-5　軒車圖　（1）河南滎陽萇村漢墓壁畫（2）山東安丘出土畫像石

東漢時期公侯將相的軺車都裝車轓，以至當時的銅鏡上也鐫有「作吏高升車生耳」的銘文。車轓多而雜，難以區別官爵高低，於是又制定出車轓與傘蓋的用色制度。如河南滎陽萇村的壁畫上就有「皂蓋朱左轓軺車」、「皂蓋朱兩轓軺車」（圖6-7）、「赤蓋軒車」和「白蓋軺車」等好幾種（參見圖6-5，圖6-6），如此一來，相隔很遠就能看清前方來車的官員品爵的高低。

圖6-6　河南滎陽萇村漢墓
壁畫《白蓋軺車圖》

圖6-7　河南滎陽萇村漢墓壁
畫《皂蓋朱左轓軺車圖》

車輈作為官吏乘輿的標誌，有時還做一些特殊的記號以表示某種含義，如臨淄齊王墓的4號車車輈的尾端開了一個半月形缺口，這個缺口據孫機先生的考證，[68] 認為與《後漢書‧輿服志》上「後謙一寸，若月初生，示不敢自滿也」的說法相符合（參見圖5-15）。

除了軺車，使用最普遍的就是輜軿車了，輜軿車是比軺車車廂更寬敞、裝飾更華麗、檔次更高的乘輿。「輜軿」這是同一種車的兩種不同的稱呼。《說文解字》曰：「輜，輜軿，衣車也……軿，車前衣也」。車後為輜，一般理解為輜軿車是有布簾遮蔽車廂的車，軿車前後都有，而輜車有後無前。根據《漢書‧張良傳》「上雖疾，強載輜車，臥而護之」及《後漢書‧桓榮傳》「（帝）以榮為少傅，賜輜車乘馬」等記載，輜車應是男人所乘，男人乘車前無屏蔽是很自然的。

北京大葆台2號車雖是獨輈車但很可能是早期的輜車，這輛車上有寬大的車篷，左右後三面均可掛簾遮蔽，軾前如軺車，與漢代畫像石上的輜車形象很相似（參見

（1）

圖6-8　漢代輜車圖　（1）山東沂南出土畫像石（前面一輛）（2）成都楊子山出土畫像石

（2）

圖5-19（2）、圖6-8）。據《後漢書·輿服志上》記載，太皇太后「非法駕，則乘紫罽軿車……長公主赤罽軿車。大貴人、貴人、公主、王妃、封君油畫軿車」。

軿車為貴婦乘輿。古代婦人出門不能拋頭露面，要把車前後遮擋得嚴嚴實實，貴州興義出土的雙曲轅馬車應也是這樣的軿車。軿車的車御無疑像秦始皇陵2號銅車那樣是坐在車廂外的御手座上的。

輜軿車的形象在壁畫與畫像石上常出現，但從畫面上很難分辨這兩種車，因為墓室裏的圖要表現主人生前的生活場景，即便是軿車，為了畫出車中人物也會把車前屏蔽物去掉（圖6-9）。

漢代普通百姓的用車是輂車，《說文解字》曰：「輂，大車駕馬者也」。在甘肅武威雷台漢墓中出土過好幾輛輂車模型銅車，這在前文已介紹過。從山東沂南畫像石上的形象來看（參見圖6-8（1）第二輛車），輂車也有車蓋，銅車模型上輢板外的銅環可能正是用於架設車蓋的。這幅圖上的輂車前有樹枝狀的車轅，後有加長的車軏，車輪高大，與甘肅所出的明器輂車完全一致，由此可見這種車在當時很普及，形制也很少變化。據《史記》等文獻記載，輂車應是運送輜重的運輸車，但甘肅雷台出土的輂車發現車軨，輿底均有織物遺跡，所以，輂車很可能是既載人又載物，如先秦時期的棧車，裝

（1）　　　　　　　　　　　（2）

圖6-9　漢代軿車圖　（1）山東福山出土畫像石　（2）內蒙古和林格爾東漢墓壁畫

載的貨物當然也不會是粗劣物品，而可能是箱匲之類較為貴重的東西，如搭載人的話則一定是僕從奴婢之流了。

輂車如無車篷則稱為「大車」，用牛駕輓則稱為「牛車」，大車與牛車用以裝載體積龐大、分量較重的如糧食、布帛等物品，與先秦時期的役車應屬於同一種車。

上述這些是兩漢時期的主要車種，在漢代的文獻記載中還可以經常看到諸如羊車、鹿車、豹尾車、指南車、檻車、騾車、輜重車等名目繁多的車名，這些車大都不見於漢代的圖像資料。其中，有的屬於帝王的專用車，如：羊車、鹿車，是帝王在宮庭中乘坐的小車；豹尾車，是皇帝出行時的壓陣車，車上懸有豹尾，當車駕經過某地時，周圍百姓只能等殿後的豹尾車過去以後才能恢復行動自由；指南車，是一種機械車，多為帝王出行車隊中用來指示方向的非載重車；檻車，是專用於檻送囚犯的；而騾車想來是與馬拉的輂車差不多的大車吧。

柒 · 秦漢時期的馬具馬飾與獨
輈車、雙轅車的駕輓方法

經過了秦統一戰爭與楚漢戰爭後，騎兵作為新的軍事主體地位在西漢初期被確定下來。戰爭形式的變化對車輿馬具的發展影響很大。車被淘汰出了戰場，失去了原來的重要地位，此後將作為軍隊後勤與民間交通運輸工具而進行革新與改造。原來的馬具主要用於駕輓車，現在迫切需要增加、完善乘騎用的鞍具。

所以，秦漢時期的馬具從原來的兩大類發展成為靮具、輓具、鞍具三大類。這三大類中：

靮具基本上保持原貌，只是在鑣銜和絡頭飾品的外形式樣上有些變化；

輓具則因為雙轅車的出現而捨棄了原來的部分用具，增加了適合單馬駕車的新輓具；

鞍具的雛形在戰國後期就已出現，但改進提高的過程很緩慢，終有漢一代都沒能完善。

（一）秦漢靮具。

秦代靮具最完整的實物是在秦始皇陵兵馬俑坑和銅車馬坑出土的。2號坑發現的是騎兵戰馬用的勒，銅車馬坑出土的是駕車服、驂馬用的勒（圖7-1）。兩種勒的轡頭結構都相同，與先秦時期的也沒什麼差別。

轡頭的各帶上都套有銅、銀質轡飾，帶與帶交叉處有金、銀、銅質的節約，在馬的額心處也同樣飾有當盧。漢代未發現轡頭實物，只有甘肅武威雷台的銅馬俑上戴著不很完整的馬轡頭模型或可供參考，如果將它與楊家灣西漢馬俑和山東青州漢墓馬俑（參見圖7-1（5））的彩繪馬轡頭相比較就會發現與秦代基本上是一致的。馬轡頭的結構在戰國時期已經定型，漢之後雖有多次改變，但都是在一些並不重要的細節上。

轡頭皮帶上套的轡飾又稱管絡飾，在秦代時比較簡單，多數為圓筒或扁圓筒形，少數呈扁方形。漢代的變化稍多，有竹節形、鼓形，更多的仍是圓筒形，少數轡飾的表面還有獸面紋。絡頭上的節約秦漢時都以圓泡形為主，圓泡面的紋飾秦代多用雲紋、蟠虺紋，漢代則時興用熊、駱駝、鹿、獨角獸等動物形象做圖案，也有一些素面

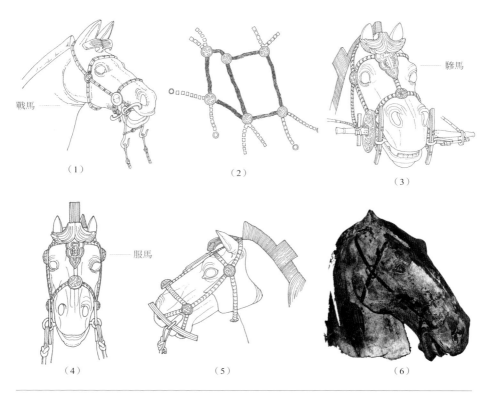

（1）　　　　　　　　　　　　　　（2）　　　　　　　　　　　　　　（3）

戰馬

驂馬

服馬

（4）　　　　　　　　　（5）　　　　　　　　　（6）

圖7-1　（1）秦始皇兵馬俑2號坑戰馬轡頭復原圖　（2）2號坑馬轡出土平面圖（黑色為皮革朽痕）　（3）秦始皇陵銅車馬1、2號車驂馬轡頭　（4）（5）1、2號車服馬轡頭　（6）山東青州香山漢墓出土彩繪陶馬頭

的圓泡（圖7-2）。

　　轡頭上最大的飾品是當盧，其造型變化較大，秦至西漢初期主要流行葉形當盧，如秦始皇陵銅車馬的金當盧，上圓下尖、兩側各有三弧，河北滿城劉勝墓出的長條三角形當盧，線條輪廓雖然簡潔，但面上以鎏銀襯底，用陰線鐫刻出流雲紋和鳥獸紋，再用鎏金勾勒，製作工藝高超，同墓還出土一種馬面形當盧，雙耳上卷，鼻樑處鏤空，有銅質和銀質兩種，銅質鎏金，陰線刻紋；銀質的表面鑲嵌有各種形狀的瑪瑙，馬面形當盧的外形在西漢末年和東漢時期不斷發生變化，有的頂部與兩側似有伸出的

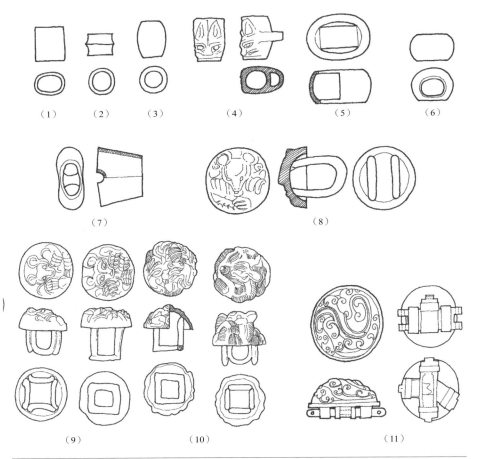

圖 7-2 （1）—（7）秦漢時期的彎飾 （（1）秦始皇兵馬俑 1 號坑出土） （（8）—（11）節約 （（2）（10）
山東臨淄西漢齊王墓出土（3）—（9）河北滿城劉勝墓出土 （11）秦始皇陵銅車馬坑出土）

鳥頭，有的呈不規則的渦旋紋（圖7-3）。

　　秦漢時期的鑣銜也較有特色。鑣的基本外形有兩種：

　　一種為「S」形，像雙頭內彎的鈎子，秦始皇陵兵馬俑坑的戰馬都用此鑣。漢代時

「S」形鑣仍很流行，但鑣體的彎曲度稍有減小，也不像秦代那樣細而圓，而是寬且扁

平，頂端大都截齊。有些中間收細如船槳，考究的則在兩頭相背一側作出卷雲紋的花，中間鏤空或者錯金銀。

另一種為微彎的直尺形，秦始皇陵1號、2號銅車的馭馬都用這種鑣，在西漢初的河北滿城劉勝墓中也出土過幾件，但這之後就很少見到了。

馬銜仍是傳統式樣，秦漢兩代未見大的變化。

這時還出現了新的橛、鑣。

橛是一根長長的兩頭細中間粗、表面滿布乳釘的圓銅棒，棒的一端橫貫一根銅條，另一端有鼻鈕；鑣由數節（最少三節，最多六節）滿布小刺或十字紋的圓形、長圓形銅球如鏈條般相互勾連而成，兩端有的有馬銜的橢圓形環，有的裝有帶扣。橛、鑣的縮小製品均出於秦始皇陵銅車馬坑，鑣的實物在重慶西漢墓中曾發現過（圖7-4）。

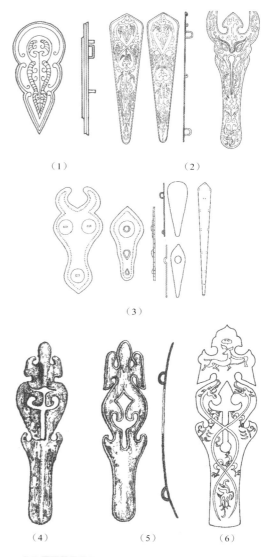

圖7-3　秦漢時期的當盧　（1）秦始皇陵銅車馬坑出土金當盧　（2）河北滿城劉勝墓出土鎏金銀當盧　（3）河北滿城劉勝墓出土銀鑲瑪瑙當盧　（4）洛陽五女塚出土銅當盧　（5）河北陽原出土銅當盧　（6）湖南長沙出土鎏金當盧

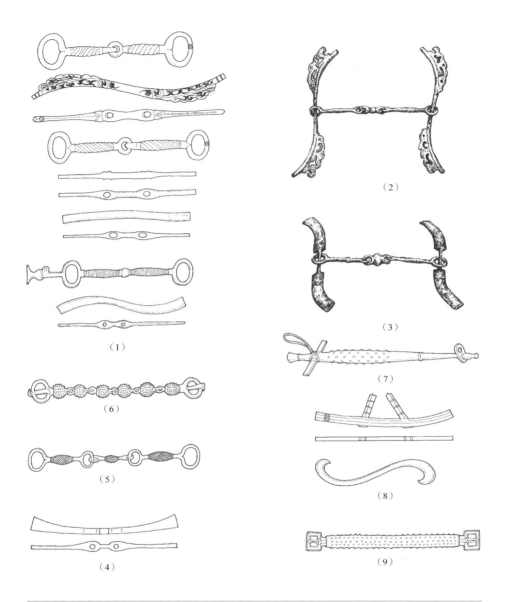

圖7-4　秦漢時期的鑣、銜、橛、鑣　（1）河北滿城劉勝墓出土　（2）（3）河北陽原，河南洛陽五女塚出土　（4）（5）重慶臨江路漢墓出土　（6）（7）秦始皇陵銅車馬坑出土　（8）秦始皇陵兵馬俑坑、銅車馬坑出土　（9）河北邯鄲戰國墓出土

橛、鑣均見於史籍，《史記‧司馬相如列傳》：「猶時有銜橛之變。」司馬貞《索隱》：「張揖曰：『銜，馬勒銜也。橛，騑馬口長銜也』。周遷《輿服志》云：『鈎逆上者為橛。橛在銜中，以鐵為之，大如雞子』。《鹽鐵論》云：『無銜橛而御悍馬是也』」。對照實物，張揖所論橛之形狀與實物相符，而周遷所說的橛應改為鑣才對，但他所說的「橛在銜中」是正確的。

　　在秦始皇陵兩輛銅車的驂馬口中，外層是傳統的馬銜，裏層是橛銜，橛面向服馬貫有銅條的一端套有一圓形銅片，銅片的下方開有小孔，讓馬銜的環從孔中伸出，環內貫鑣，鑣再與彎頭頰帶相連使勒、橛成一整體（參見圖7-1（3））。鑣發現時都在御官俑腳旁，發掘簡報認為可能是控御服馬的備用物，根據文獻與實物推測，其用法與橛是一致的。

　　西周、春秋時期控馭烈馬常用籠嘴與鈎（參見先秦馬具部分），鑣、銜完備後籠嘴、鈎漸廢，橛、鑣是籠嘴、鈎的替代物，它們與銜一前一後卡在馬口內，使馬嘴不能閉合，起到制止烈馬撕咬的作用，有些狂暴不羈的馬，要制服牠光靠勒可能仍有困難，必須借助橛、鑣才能奏效。

　　橛、鑣的雛形很可能在先秦時期就已出現，河北邯鄲的戰國墓中曾出土了一件兩頭如鑣、中間如橛滿布小刺的圓銅銜（參見圖7-4（9）），瀋陽鄭家窪子戰國墓也出土過一種很長的帶有四個環的銜（參見4-6（6）），這些形制獨特的銜應當說已經具備很多橛、鑣的特徵了。

　　秦漢時期，西周流行的馬冠早已不再使用，而改用馬胄。

　　陝西鳳翔八旗屯BS33號車馬坑的六匹服馬頭部均發現長40厘米、寬27厘米呈長方形的馬面飾印痕，面飾以麻布為底，上髹赭色漆，位於馬眼處開有橢圓形孔。在貴州興義、興仁出土的銅車馬的馬面額上也有塗金色的面具，這些面飾面具都是從馬胄演變而來的。

　　馬胄是馬甲的部件，年代最早的實物是在湖北隨縣擂鼓墩戰國初期的曾侯乙墓中出土的，用皮革製成，覆蓋面在面飾、面具的基礎上從馬的前額部擴展到兩頰與鼻部，雙耳、

雙眼和鼻孔處開有橢圓形與葉形孔，位於眉弓、面頰和耳下部位還用數層皮革疊壓堆後再雕刻出半立體圖案，表面髹黑色底漆，再用紅、黃、白、金等色繪出「卐」字紋、異獸紋、雲紋，並用卷草紋作邊飾，彩繪用筆工整流暢，整件馬冑看上去金碧輝煌，同墓還出土很多殘損的皮甲片，表面也有與馬冑相同的精美彩繪，根據其尺寸推測應該是馬甲的甲片（圖7-5）。[69] 完整的馬甲出土於湖北荊門包山楚墓，[70] 經清理後已經復原，全甲由頸甲、身甲、冑三部分組成，這副甲僅髹黑漆而無彩繪（圖7-6）。

馬甲用來保護戰馬，東漢時稱「馬鎧」。《宋史・儀衞志六》中定名為「具裝」，在

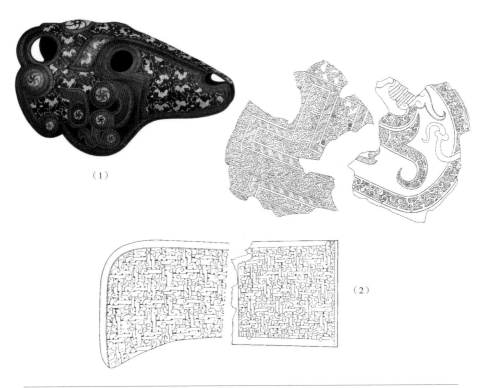

（1）

（2）

圖 7-5　湖北隨縣擂鼓墩曾侯乙墓出土　（1）馬冑（根據實物寫生復原）（2）馬甲殘片（湖北省博物館藏）

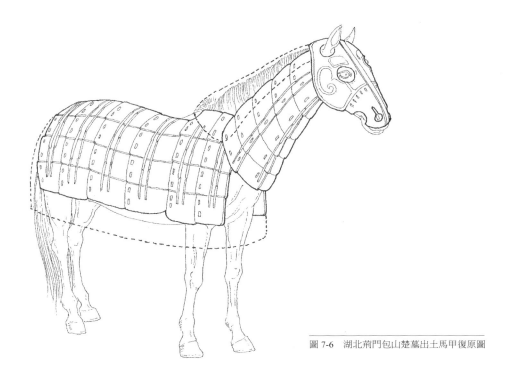

圖 7-6　湖北荊門包山楚墓出土馬甲復原圖

南北朝時期盛極一時。在鞍具尚不齊全的戰國時代，戰馬披甲可能會給騎兵造成乘騎上的困難，所以有理由認為當時的馬甲是供駕戰車的馬披掛的，至秦漢，車漸已不參與作戰，馬甲也暫時衰落，僅作為飾品而保留了馬冑，這時的馬冑不如說是擴大了的當盧，將其列入面飾、面具應是符合實際的。

（二）秦漢輓具。

秦漢時期的輓具共有兩種，一種用於獨輈車；另一種用於雙轅車。

用於獨輈車的輓具標本也出於秦始皇陵兩輛銅車馬上，那些用金、銀、銅維妙維肖地模仿皮革、繩索製成的頸靼、靳、鞁、鞶、韁、紛等帶表明，秦代沿襲了先秦的輓具和駕輓方法，但在結構與部件上做了進一步的調整與改進。有關輓具的使用與作用在先秦部分

都已作了介紹，此處不再重複，現僅就尚未涉及的部分做一些補充說明。

脅驅，秦始皇陵兩輛銅車馬的輨帶上面朝驂馬肩部一側都懸掛有一隻外形像飛燕，中間伸出長長的帶刺銅管的物件，這一物件稱為「脅驅」（圖7-7（1）），其作用是為了保持驂、服馬之間的間距，不使驂馬太靠攏服馬而影響服馬行走，特別是在車拐彎時，此物能隨時提醒驂馬配合行動。從理論上來說，在先秦時期的駟馬車上也不能缺少脅驅，所以孫機先生在他的論文中援引張長壽先生的意見，[71] 認為長安張家坡、甘肅靈台、北京昌平等地的西周、戰國車馬坑出土的一種帶刺的「Ｕ」形銅板就是早期的脅驅（參見圖7-7（2）），這一說法雖然暫時還不能確證，但並不是沒有道理。

軛墊，它是捆縛在軛肢內側，防止木質軛腳磨傷馬的皮膚的襯墊，襯墊似用皮革製成，長方形，較厚，在兩層皮革中間好像有填充物，在先秦的車馬坑中也發現過類似的遺跡，但保存情況很糟糕，辨識十分困難，秦始皇陵銅車上用銅澆製的軛墊是唯一準確的形象（圖7-8）。軛墊是軛具中頗為重要的副件，與以後雙轅車的衡墊、肩套雖性質不同，但後者顯然是受到其啟發的。

秦代的軛具與繫駕方法雖然由銅車馬表現得淋漓盡致，但並不能完全肯定就是最初的原型。銅車馬在出土時畢竟已是碎片，修復過程中並不能保證不出差錯，疑點集中之處是

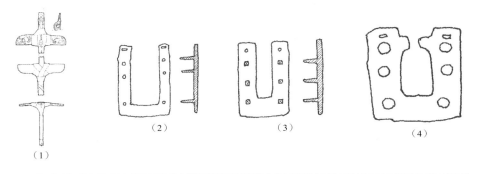

（1）　　　　　　（2）　　　　　　（3）　　　　　　（4）

圖 7-7 （1）秦始皇陵銅車馬的脅驅 （2）—（4）疑為先秦時期的脅驅 （（2）北京昌平出土 （3）甘肅靈台出土 （4）長安張家坡出土）

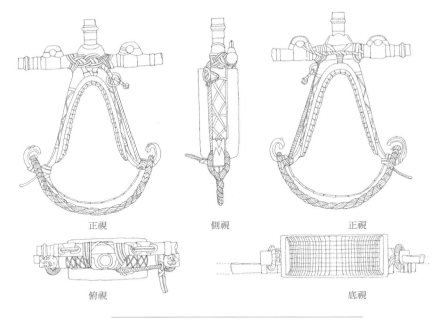

正視　　　　　　　側視　　　　　　　正視

俯視　　　　　　　　　　　　　　底視

圖7-8　秦始皇陵1號、2號銅車軛墊的正、側、俯、底視圖

車軸轅飾後面的兩個捆在一起面向上的大銅環，環中不着一物，與理不合，發掘修復簡報也指出了這一問題（參見圖7-9（1））。

在這個部位有雙銅環的不只秦始皇陵的兩輛銅車，江陵九店、平涼廟莊等地出土的車上也都有，而且在軸兩側雙環之後還有很清晰的革帶朽跡（參見圖2-70（1）、圖5-3（1）），這些革帶無疑是從銅環中間穿過的，類似的現象甚至在商周車上也有發現（參見圖7-9（2）—（5））。有關專家認為這些革帶是用來約束服馬用的脅驅帶，而筆者以為這很可能與雙馬駕輄車時服馬佩靷有關。

我們從秦始皇陵銅車馬上可以發現，四馬駕車時拽靷拉車主要靠驂馬，服馬的靷只是繫在軛腳上，並不能很有力地起到牽引的作用，如果雙馬駕車單靠服馬拽靷的話，必定要改變繫法，而另一種繫法也許就與這兩個銅環有關。造車時不可能只考慮四馬駕輄的要

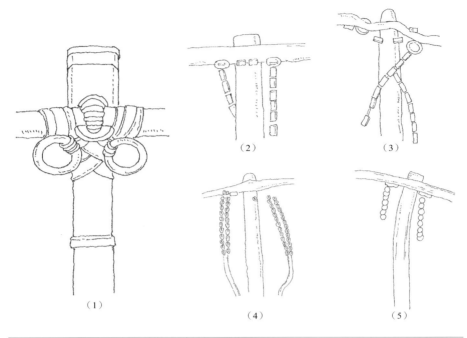

圖 7-9 （1）秦始皇陵銅車輈飾後的雙銅環 （2）洛陽老城西周車上輈、衡處的革帶杇跡 （3）（4）長安張家坡西周車上輈衡處的革帶杇跡 （5）山東滕州前掌大商代車上輈衡處的革帶杇跡

求，必須做好兩種準備，秦始皇陵銅車上的雙環閑置着是因為此車用四馬駕輓，如用雙馬的話，雙銅環應就能派上用處了，但這些想法都還只是猜測，新材料的出現會為我們提供新的研究方向的。

　　為使讀者更清楚地了解秦代獨輈車的繫駕方法和各種馬具、馬飾與輓具，筆者根據秦始皇陵2號銅車的發掘修復報告繪製了詳細的復原圖，某些部位還作了剖視圖，以便對照（圖7-10）。

　　漢代初期獨輈車的駕輓可能仍沿用秦代的方法，由於輓具沒有發現遺物遺跡，尚不清楚是否出現過新的品種。獨輈車在中國使用了約一千五百多年，影響深遠，雖然目前還沒

圖 7-10　秦始皇陵銅車馬坑 2 號車復原圖

有確鑿證據證明中國的獨輈車曾流傳到世界其他地區，可是在蘇聯烏拉干河流域的巴澤雷克地區的一座公元前200多年的古墓中出土的一輛保存完好的四輪獨輈車，其衡、輈形象與中國古車的很相像（圖7-11），整輛車的用材與製造方法也和中國的很接近，都用木料，連接處也都用皮帶捆縛。[72] 獨輈車直到20世紀中期尚在使用，現在柬埔寨等東南亞國家的牛車仍採用獨輈結構，但是在輈衡的構造和駕輓方法上已有了較大的變化（圖7-12）。

圖 7-11　蘇聯巴澤雷克 5 號墓出土獨輈四輪馬車（根據實物照片繪製）

圖 7-12　柬埔寨牛車模型（柬埔寨國王西哈努克贈）

從西漢中期開始雙轅車逐漸普及起來，這時駕車的馬集服馬、驂馬於一身，承擔起輓車、拽車的全部任務，車的結構改變了，輓具與駕輓方法也相應需要調整，調整的重點是在拽車的靷上。

軏移入車衡中間以後其用法照舊，所以頸靼等縛軏輓具無須變動，只有原來的服馬虛拽靷與驂馬偏套靷現在合併為單馬正套實拽靷了，靷帶不再似秦代像一個大繩套一樣套在馬頸上，而是呈「U」形環圍在馬的前胸，兩根靷繩分別在雙轅中段的翹彎處打一結，使靷與車轅保持在同一高度，剩餘的部分固定在車軸或前軫木上。為了防止細靷繩磨傷馬胸，套在胸前的一段靷這時改成了寬胸帶，甘肅武威磨咀子出土的木軺車在木馬胸前還有一根銅製胸帶（參見圖5-24），以此推測製作胸帶的材料不僅有皮革，也可能使用金屬，當然金屬胸帶會像軛一樣給加上襯墊。

古稱胸帶為「當胸」，又名「纓」、「鏤膺」，有時還稱「鞅」，是雙轅車輓具中至關重要的一件，《後漢書·鮑永傳》曾記載：「永乃拔佩刀截馬當胸，乃止」。類似的史料在《左傳》、《後漢書·周章傳》裏都可見到，並且說法一致，可見若無胸帶雙轅車就不能駕馭。

沒有變化的是服馬用的靽帶，繫結方法也與秦代相同，帶身穿過馬腹後兩端繫在車衡上，以防車轅上揚。靽帶經過靷繩時與靷繩打結，以幫助固定胸帶的位置。至於驂馬頸上的靼已棄而不用，而靷的環套則保留下來，但也是用來固定胸帶的，環套的一側裝有一環，環上縛紛以拘繫馬尾。

上述輓具的結構在河南滎陽萇村漢墓壁畫的車馬圖上表現得很清楚，可以作為參考（圖7-13）。

在雙轅車的輓具中還增加了加固杆。雙轅車為了減輕單馬駕輓的重負和上下坡時產生的衝力與拉力，必須像獨輈車一樣雙轅上曲，其翹曲的角度比獨輈車的要求更高。然而，轅的彎度一大，就不能用較粗碩的材料煣製加工，車轅就顯得單薄易折。《漢書·李廣蘇

建傳》：「前長君（蘇嘉）為奉車，從至雍棫陽宮，扶輦下除，觸柱折轅。劾大不敬。伏劍自刎。賜錢二百萬以葬」。車轅撞在柱子上就會折斷，可見是不很堅固的，這可能也是造成漢代軺車車廂狹小的主要原因。為了防備行車時車轅突然折斷，兩漢的雙轅車都在轅的起彎處綁一根加固杆，杆的另一頭縛在軏的軥上，一者用於固定軏的傾斜度，避免軏前後搖擺時牽動車衡而拗折車轅，二者可以分解因車身顛簸而引起的車轅震蕩，以增加車轅的強度。加固杆的樣式與用法在山東沂南、福山、嘉祥等地出土的畫像石和顧愷之的畫作上都刻劃得很清楚（參見圖7-14，圖6-8（1）、圖6-9（1））。其餘如轡繩等與秦代相同，都是穿過車衡的轙掌握在車御手中。

雙轅車也並不全是單馬駕輓，四川成都新繁清白鄉1號墓出土的《軺車駢駕圖》和成都跳蹬河出土的《車馬過橋圖》兩塊畫像磚上，就有兩匹馬和三匹馬駕的軺車

（圖7-15），江陵鳳凰山167號墓出土的軺車模型也是雙馬駕輓。服馬用的就是上文介紹的輓具，而驂馬用的必是秦代獨輈車的輓具。

（三）秦漢的鞍具。

鞍具是騎馬用的鞍、鐙與固定鞍的胸帶、鞦帶、肚帶以及障泥的總稱。鞍具的普及和進步與騎兵的發展有着密切的聯繫。

中國古代的鞍具出現於戰國時期。

圖 7-14 （1）《齊山老子見孔子》畫像石（山東嘉祥出土）（2）《列女仁智圖卷》（東晉顧愷之作）

圖 7-15 （1）《軺車驂駕圖》畫像石（四川成都新繁清白鄉出土）（2）《車馬過橋圖》畫像磚（成都跳蹬河出土）

1992年在新疆鄯善的蘇貝希墓中出土的馬鞍具就是戰國時期的，它保存得非常完好。馬鞍表面用皮革製作，中間填塞羊毛加厚鞍墊，周邊用很細的皮線密密縫製，鞍面上有規律地縫出凹陷的圓窩，以固定充填的羊毛，使其分布均勻。馬鞍呈長方形，像皮墊，橫向分為兩半，左右兩片較厚，中間銜接處較薄；鞍面上有三條寬皮帶，中間一段不縫死。整個鞍墊似可對折，在鞍兩端縱向最寬處釘有製作精巧的骨飾，每組骨飾兩件，一件裝皮條，另一件裝骨質環扣，皮條有的是用來裝飾的，有的則用來固定鞍墊，環扣主要供繫結皮條時用。馬鞍表面中間橫向寬帶下連一條肚帶，肚帶位於馬腹下一段是柔軟的羊毛編織的。在鞍的底面還墊有一層紅氈，是用來防止馬鞍磨傷馬背的鞍韉。 另外還發現有用皮條製成的馬轡及鐵銜木鑣（圖7-16）。

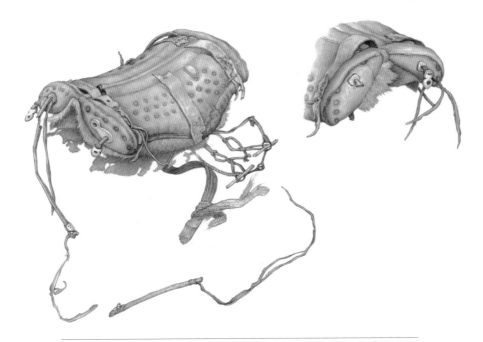

圖7-16　新疆鄯善蘇貝希墓出土馬鞍具（根據實物寫生，新疆維吾爾自治區博物館藏）

這套鞍具告訴我們，早期的馬鞍沒有鞍橋，騎馬也沒有馬鐙。

秦代的鞍具依然未突破新疆鄯善戰國馬鞍具的水平。秦始皇兵馬俑坑出土的戰馬俑上，雕塑出來的鞍具與新疆鄯善的實物極為相似。西漢初期仍沒有發展，陝西咸陽楊家

（1）　　　　　　　　　　　　　　　　　（2）

（3）　　　　　　　　　　　　　　　　　（4）

圖 7-17 （1）秦始皇陵兵馬俑坑出土戰馬俑 （2）江陵鳳凰山 167 號漢墓出土騎士俑 （3）陝西咸陽楊家灣出土西漢騎士俑 （4）山東青州香山漢墓出土彩繪騎俑

灣、江陵鳳凰山167號漢墓出土的騎士俑和山東青州香山漢墓出土彩繪陶馬俑上所能見到的還是類似的鞍墊（圖7-17）。

有鞍橋的馬鞍出現於西漢末年。

在河北定縣出土的一組銅車馬具中有一件馬鞍的模型，鞍的兩頭出現了直立的、但較低平的鞍橋；廣西西林出土的一尊銅騎俑上，也有相同鞍橋的馬鞍。低鞍橋馬鞍在東漢時期流傳較廣，甘肅武威雷台出土的大批銅騎俑，馬背上都置有這種低鞍橋馬鞍，而在山東滕縣、陝西綏德等地出土的畫像石上，也都清楚地表現出了這種馬鞍的形象（圖7-18）。東漢的馬鞍在鞍韂下還出現了兩塊寬闊下垂的障泥。「障泥」之名見於《世說新語·術解

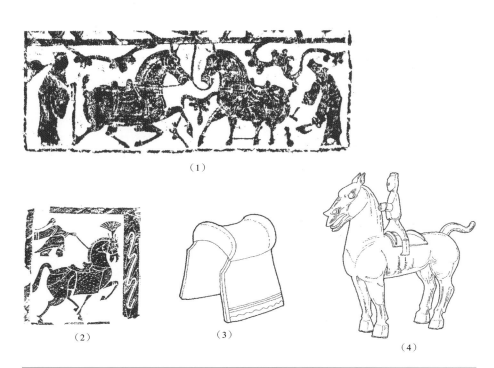

（1）

（2）　　　　　　　　（3）　　　　　　　　（4）

圖 7-18 （1）《鋪首鳳鳥、雙馬》畫像石（山東滕縣龍陽店出土）（2）銅馬鞍模型（河北定縣出土）（3）墓門橫額畫像石（陝西綏德出土）（4）銅騎士俑（廣西西林出土）

篇》，一般用織錦、布帛製成，其作用一是遮擋馬奔跑時踢起的塵泥；二是防止騎士穿的鎧甲、佩帶的武器磨傷馬腹。

馬鞍搭在馬背上主要依靠肚帶來收勒固定。肚帶分長短不一的兩段釘在鞍中間，在短的一段上裝有帶扣。固定馬鞍除了肚帶外還有胸帶、鞦帶，胸帶在前環圍馬胸，鞦帶在後，穿過馬尾環圍馬臀，這兩條帶也都是用帶扣繫束的。

最早的帶扣並不是用於人束腰帶，漢代之前人束腰帶都用帶鉤，帶扣是專為馬具設計的。帶扣的種類很多，有鴨嘴扣、無舌扣、有舌扣等，秦漢時期用得最多的是鴨嘴扣，這種帶扣屬死舌扣（指扣舌不能轉動），其形制較為原始（圖7-19）。漢代還流行在胸帶、鞦帶上裝珂，《西京雜記》曾記載武帝時「以南海白蜃為珂」，其實物未見出土，但在楊家灣戰馬俑和香山彩繪陶馬俑上常見吊掛紅纓以做裝飾。

至於馬鐙，東漢時仍未出現，這從東漢末年的墓室壁畫、畫像石圖像上可以清楚地看出（圖7-20）。

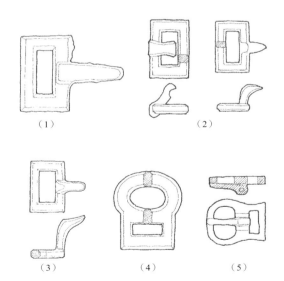

（1）

（2）

（3）

（4）

（5）

圖 7-19　秦漢時期鞍具上的帶扣　（1）秦始皇陵 1 號兵馬俑坑出土　（2）山東臨淄西漢齊王墓出土（3）（4）（5）河北滿城劉勝墓出土

圖7-21、圖7-22、圖7-23、圖7-24是漢代的馬具、鞍具與獨輈車、雙轅車的駕輓方法的綜合復原圖，復原圖中每個局部的形象都是選擇出土實物資料中最突出、最有代表性的部分組合而成的，以使讀者對漢代車馬形制有一個直觀的、總體的認識（秦代的綜合復原圖可參見圖7-10）。

圖 7-20 （1）《東王公・樂舞・庖廚》畫像石上的東漢騎士形象（山東嘉祥宋山村出土）（2）《武士出行圖》（河南滎陽萇村漢墓壁畫）

（1）

（2）

圖 7-21　西漢初期馬鞍具復原圖

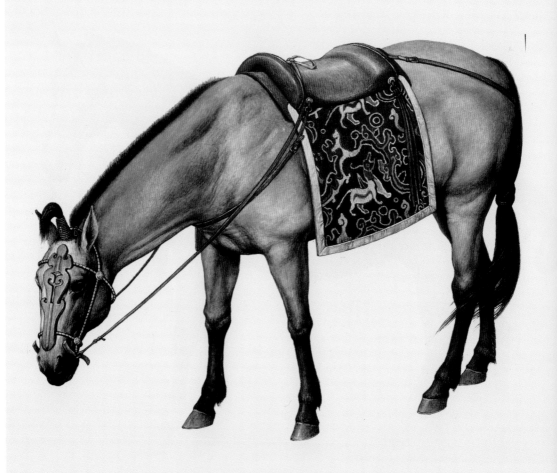

圖 7-22　東漢晚期馬鞍具復原圖

圖 7-23　西漢獨輈車綜合復原圖

圖 7-24　東漢雙轅車綜合復原圖

捌 · 魏晉南北朝的馬具與馬鎧

中國古代馬具發展的成熟期是在魏晉南北朝，成熟的首要標誌是馬鐙的出現。

在出土文物中，最早出現馬鐙形象的是湖南長沙西晉晚期墓（西晉永寧二年，公元302年）出土的一件陶鞍馬俑。這件陶馬俑的左側障泥塑有一個三角形鐙，同墓還有另一件陶騎士俑也有這種鐙，它被確證是專供上馬踩踏用的，騎士上馬後便將它閑置一邊（圖8-1）。

1974年在安陽殷墟西區的孝民屯南地晉墓中發現了單馬鐙的實物。[73] 鐙以木為芯，外包銅片，表面鎏金，上端為長柄，下端為扁圓形鐙環，柄頭部有一方形孔用來穿皮帶以便懸掛（圖8-2）。這座墓與長沙墓的年代相近，在西晉末年與東晉初年之間。

雙馬鐙最遲在東晉初期已開始使用了。南京象山7號墓（該墓年代約為東晉永昌三年，公元322年）出土的陶馬上已清楚地塑出一對外形與安陽殷墟西區孝民屯晉墓的實物很相似的片形馬鐙，而實物是1982年在遼寧朝陽袁台子東晉墓中發現的。[74] 這副馬鐙也是木芯，外包皮革，皮革上再髹漆並彩繪。鐙的外形與安陽的稍異，鐙環略呈三角形。類似的馬鐙在吉林集安七星山、萬寶汀和禹山下等地的高句麗

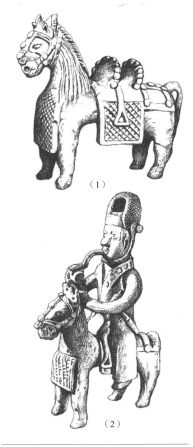

圖 8-1 （1）陶鞍馬俑 （2）陶騎士俑（均為湖南長沙西晉墓出土）

圖 8-2 河南安陽孝民屯晉墓出土的單件馬鐙

墓中出土更多，大部分是木芯外包鎏
金銅片，少數外包的是鐵片，有的在
鐙面還釘有乳釘。[75] 單片形馬鐙到南
北朝時期仍很普遍，遼寧北票北燕馮
素弗墓出土的一副，除了圓形鐙身的
內圈比外圈略有加厚之外，無論造型
還是製作方法都與魏晉時期的完全相
同（圖8-3）。[76]

　　鐙的發明解決了長期存在的騎馬
上下馬難、騎上馬後馬一奔馳就不易
保持身體平衡的問題，對推動騎兵的
發展起到了關鍵的作用。

　　馬具成熟的第二個標誌是高鞍橋
馬鞍的出現。

　　看了湖南長沙那件帶鐙的鞍馬
俑後（參見圖8-1（1）），人們一定
已經注意到了馬俑上的馬鞍。馬鞍的
兩頭有高高豎起的鞍橋，鞍橋頂面還
釘有泡飾，這件俑的塑造技術較為粗
糙，形象有些誇張走樣，準確性當然
不如出土的實物。高鞍橋馬鞍實物也
是在安陽孝民屯和遼寧朝陽袁台子兩
座出馬鐙的墓中出土的（兩座墓裏

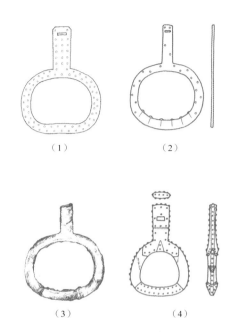

（1）　　　　　　（2）

（3）　　　　　　（4）

（5）

圖 8-3　魏晉南北朝時期的馬鐙與鞍馬俑　（1）吉
林集安七星山 96 號墓出土　（2）吉林集安萬寶
汀 78 號墓出土　（3）吉林集安禹山下 41 號墓出
土　（4）遼寧北票北燕馮素弗墓出土　（5）南京
象山 7 號墓出土

都有整套的鞍具）。馬鞍均為木製，出土時皆已腐朽，但馬鞍橋外表鑲包的鎏金銅片（孝民屯）和包裹的皮革（袁台子）因鬆過漆而未全爛掉，保存較好。根據木鞍的朽跡及鞍橋片的外形位置可以看出，魏晉時期的馬鞍由四塊木板拼成：兩塊作鞍面，呈「∧」形拼合，合縫處外表刨圓；兩塊作鞍橋，鞍橋下平面在相距鞍面兩頭一段距離處與鞍面垂直拼接，前鞍橋之前、後鞍橋之後伸出的一段鞍面是為鞍翼。鞍橋的頂端微拱，兩角圓潤；在前後鞍橋的外側釘綴有鎏金包片，邊緣包有鎏金壓條，壓條用銅鉚釘固定。鞍面一般直接鬆漆，很少包裹皮革。整個鞍面近馬肩處稍窄，近馬臀處較寬，所以前鞍橋略顯低窄，後鞍橋略為寬高。在鞍橋兩側下緣開有穿孔，用於穿肚帶和馬鐙帶；在鞍橋前後翼片上也有對稱的穿孔，前翼片上有一孔，用於穿勾形翼飾和繫結胸帶，後翼片上有二孔，用於裝圓形翼飾和繫結鞦帶。各帶都用帶扣相互繫聯，這時的帶扣已比秦漢時期的先進，都是扣舌可前後轉動的活扣，結構與外形和我們今天所用的完全相同了（圖8-4）。

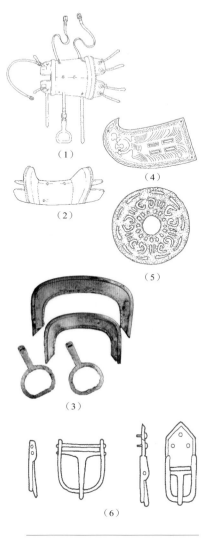

圖8-4　魏晉時期的馬鞍及鞍上飾品、帶具　（1）（2）安陽殷墟孝民屯晉墓出土的馬鞍復原圖　（3）吉林集安高句麗墓出土的鎏金鞍橋包片　（4）安陽孝民屯晉墓出土的鞍前翼飾　（5）遼寧朝陽袁台子晉墓出土的鞍後翼飾　（6）吉林集安高句麗墓出土的鎏金帶扣

高鞍橋馬鞍與馬鐙的同時出現把古代馬具的發展推向了一個新時期。

魏晉時期的馬飾也很有特點。馬轡上的當盧又長又大，外形頗像倒置的琵琶或吉他，上齊馬額，下至馬鼻，頂端豎有纓飾座，當盧面上周邊用小銅管懸掛了很多杏葉飾片，這種飾片被稱為「步搖」，取其隨步搖動之意。步搖本是漢唐婦女十分鍾愛的冠飾，至宋明時代也常見佩插，白居易的《長恨歌》裏「雲鬢花顏金步搖」指的就是它。

馬鑣也一改已往的形制，呈片狀，外輪廓或像紅十字會會標，或像直口鼓腹罐，在方口頂端開有長方形穿孔，馬轡的頰帶穿過此孔與鑣相接。鑣的表面有的透雕鏤刻有蛙形圖案，有的周邊釘有銅泡。在鑣的中間另開有一方形孔，供馬銜從孔中穿出，銜含於馬口內的一段為鐵質，伸出鑣外的圓環為銅質，雙環又各套一節長鏈，供繫結轡繩之用（圖8-5）。

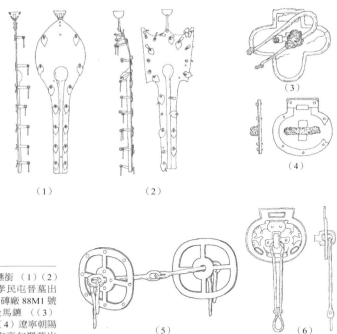

圖 8-5　魏晉時期的當盧與鑣銜　（1）（2）鎏金當盧（（1）河南安陽孝民屯晉墓出土　（2）遼寧朝陽十二台鄉磚廠 88M1 號墓出土）（3）—（6）鎏金馬鑣　（（3）遼寧朝陽 88M1 號墓出土　（4）遼寧朝陽三合台出土　（5）吉林集安高句麗墓出土　（6）河南安陽孝民屯出土）

（1）　　　　（2）

（3）

（4）

（5）　　　　（6）

魏晉時期特別講究胸帶與鞦帶的裝飾。胸帶仍只有一條，但鞦帶由橫帶、直帶交叉呈網狀，在交叉點上還綴滿小銅鈴，銅鈴有的像球，有的像蓮蓬，鏤空的銅鈴座上有長柄，柄上套有銅帽，整體造型別致。在網狀鞦帶的中心處有的還裝有鏤空纓座，馬套上鞦帶後纓座的位置正好在馬臀部的突出點，馬臀上的纓與當盧上的纓一前一後相互呼應。在鞦帶兩側最下一根橫帶上各吊掛有四片垂飾，少數垂飾的表面無花紋，多數則鏨刻了鳳凰等紋飾（圖8-6）。馬鞍具的銅飾件全都鎏金，整副鞍具看上去熠熠生輝，燦爛耀目（圖8-7、圖8-8）。

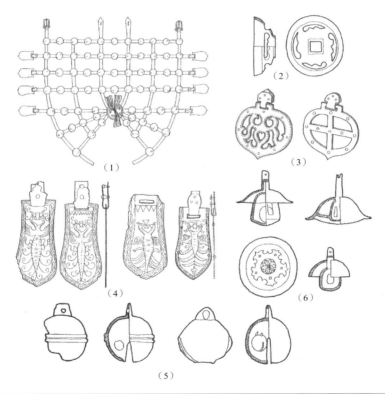

圖8-6 （1）河南安陽孝民屯晉墓出土馬鞍鞦帶復原圖 （2）鞦帶纓座（安陽出土） （3）（4）鞦帶片狀垂飾（ （3）吉林集安高句麗墓出土 （4）河南安陽孝民屯晉墓出土） （5）（6）胸帶、鞦帶上的銅鈴（（5）河南安陽孝民屯出土 （6）遼寧朝陽袁台子出土）

圖 8-7　河南安陽孝民屯晉墓出土的馬鞍具復原圖

圖 8-8　遼寧朝陽袁台子東晉墓出土馬鞍具復原圖

魏晉時期的鎏金鞍具在不同的地區風格迥異。

東北的前燕政權區域盛行一種鏤空雕飾，有關部門於20世紀70—90年代初，在遼寧朝陽等地通過發掘、民間徵集和廢品回收等手段，曾獲得一大批銅鎏金鞍橋包片和鞍具飾件，這些包片和飾件的表面都鏨刻有圖案，這些圖案以楔形點連成線構成。圖案先以大小不等的龜背紋分割成塊，每塊內刻有龍、鳳、虎、鹿、兔等形象，然後沿龜背紋、動物紋的邊緣鏤空。在翼片飾、馬鑣、鑾鈴的底面、帶扣的長柄等平面部位也用相同手法鏤雕出龍、忍冬花、鳳鳥等紋（圖8-9），[77] 經過這樣加工的飾件特別精緻細膩，襯在大紅或黑色鞍架上，更顯得鞍具金碧輝煌。

南北朝時期，由於葬俗的變化，除了馬鐙、馬鑣外沒有發現別的馬鞍具實物。從出土的大量陶鞍馬俑的形象上可以看出馬鞍在這時又有了新的改進：鞍橋已不像魏晉時期那樣

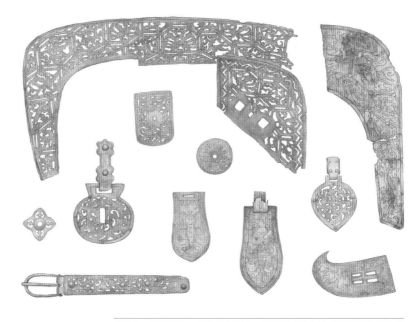

圖 8-9　遼寧朝陽、北票等地出土、徵集的鎏金鏤空雕鞍具飾件與馬鑣

直立了，前鞍橋略向前傾，後鞍橋則向後仰，並且前鞍橋已高於後鞍橋（從鞍的側面看呈前高後低的圓弧線形），整個馬鞍的外形結構已很接近於現代的了。馬鐙懸掛的位置也開始向前移，基本與前鞍橋成一線。同時，障泥也不像過去那樣是豎長方形的，其下緣的前角略伸長前傾，呈梯形分兩片吊掛於鞍韉之下。胸帶這時流行裝飾大朵的纓絡。鞦帶有的仍是網格形，有的則如胸帶一樣，只是一條，網格鞦帶上有時也裝繁纓，兩種鞦帶上都有杏葉垂飾。

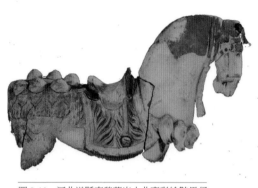

圖 8-10　河北滋縣東魏墓出土北齊彩繪鞍馬俑

流傳了兩千餘年的馬轡上的當盧此時卻不見了（圖8-10）。馬轡上的馬鑣除了有魏晉時流行的圓形鑣之外又恢復使用秦漢時期的「S」形鑣，這種鑣在山西太原的北齊婁叡墓壁畫《儀衛出行》圖上描繪得很清楚；而片狀鑣的輪廓也並非全是圓形，河北滋縣東魏墓出土的一件鞍馬俑，鑣的三面方圓，頂面呈波齒狀。這時期還流行用皮革或織物做成頸披覆蓋住馬鬃，頸披用多根皮帶繫結。南北朝時，鞍具齊備的馬如暫不乘騎就要用綾羅覆蓋，覆蓋的織料被稱為「鞍袱」或「鞍帕」，杜甫的《驄馬行》中「銀鞍卻覆香羅帕」的羅帕，指的就是它（圖8-11）。

曾於戰國時期初現風姿而在秦漢時期一度衰落的馬甲在魏晉南北朝時又重新風靡起來。這時的馬甲雖然在形制上與戰國時期的無甚差別，但結構更合理了。除原來的馬冑、護項不變外，身甲略微縮短了些，又增加了一塊用於保護馬尾之下的馬臀與後大腿的「搭後」，搭後上面還覆蓋一塊半圓形的護臀甲。根據各地出土的甲片實物統計，這時的鐵具裝要多於皮具裝，鐵具裝的甲片也要比皮具裝的細小，並且根據馬的體形把甲片做得長短不等，有多種彎曲度；鐵甲片的編綴方法也不相同，有的用鉚釘固定死，有的用皮條編綴

鑣

鑣

（1）

（2）

圖8-11　（1）《儀衛出行》圖（局部，山西太原北齊婁叡墓西壁中層
壁畫）（2）鞍馬俑（河北滋縣東魏墓出土）

成可活動的。頸甲上面（馬鬃部位）似用皮革或布帛包聯，下緣則垂有裙邊，裙邊也可
能是甲的內襯外露部分（圖8-12）。在護臀甲的中心，即原來馬鞍韉帶上安裝纓座的位置
上，這時出現了一件特殊的飾物——寄生。

　　寄生，其形有的呈扇形，有的像樹枝，有的則似繽紛的焰火，置於馬尻具裝之上，以
障蔽騎乘者的背部。從河南鄧縣、江蘇鎮江、雲南昭通、吉林集安，南北等地出土的畫像
磚和墓室壁畫上的形象可以看出（圖8-13），裝置寄生本來可能是為了保護戰士的後背，
但根據其形象和所處的位置分析，對騎士作戰造成的妨礙遠大於所起的保護作用，所以到

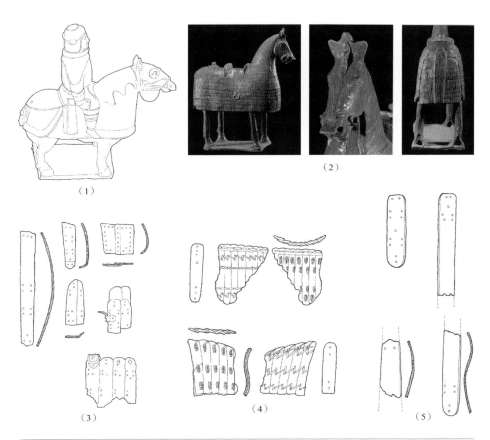

圖 8-12 （1）山西祁縣北齊墓出土的甲騎俑　（2）陝西咸陽平陵十六國墓出土釉陶鎧馬　（3）遼寧朝陽十二台鄉磚廠 88M1 號墓出土的鐵甲片　（4）遼寧北票北燕馮素弗墓出土的鐵具裝甲片　（5）吉林集安高句麗墓出土的鐵甲片（其中（3）（5）中的部分甲片根據尺寸、彎曲形象推測有可能屬於具裝甲片）

隋代時已不再使用了。

　　具裝，尤其是鐵具裝在漢末屬貴重鎧甲，數量很少。官渡之戰時袁紹「簡精卒十萬，騎萬匹」，而馬鎧只有300具，曹軍更少，還不滿10具。但到了南北朝時期，少輒數千，多則數萬的重甲騎兵組成軍團進行突襲戰和圍殲戰，威力猶如第二次世界大戰期間的坦克集團軍。

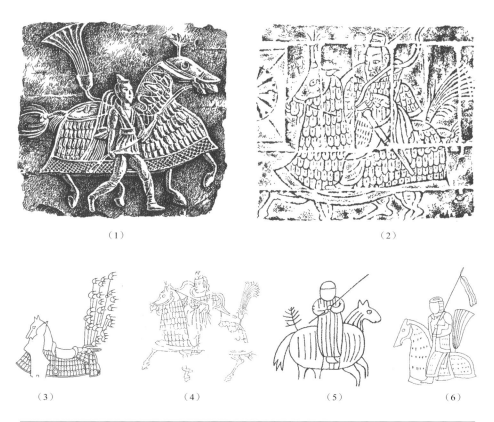

（1）　　　　　　　　　　　　　　　　　　　　　　　（2）

（3）　　　　　　　（4）　　　　　　　（5）　　　　　　　（6）

圖 8-13　南北朝的具裝與寄生形象　（1）河南鄧縣出土繪彩畫像磚　（2）江蘇鎮江出土南朝畫像磚　（3）雲南昭通霍承嗣墓壁畫　（4）江蘇丹陽出土南朝畫像磚　（5）吉林集安高句麗鎧馬塚壁畫　（6）甘肅天水麥積山麥察 127 窟北魏壁畫

　　在魏晉南北朝的墓室壁畫和武士俑中具裝騎兵形象隨處可見，但出土的較為完整的實物依然很少。除了遼寧北票北燕馮素弗墓和吉林集安高句麗墓中發現了一些尺寸較長大，疑為具裝身甲的鐵甲片外，未見更有價值的東西（參見圖8-12（3）（4））。

　　1988年在遼寧朝陽十二台鄉磚廠的一次發掘中獲得了突破性進展，從一座編號88M1屬於東晉前燕的石室墓中，出土了一套較完整的鐵製具裝。其中人穿戴的兜鍪（即頭盔）

與鎧甲上的盆領和一件馬冑保存得相當完整，可以復原。其餘一千餘片各種甲片可分為17種，由於鏽蝕、放置散亂，已不能復原了。在17種甲片中有好幾種可以明確辨認出是具裝鎧上的（參見圖8-12（2））。[78] 鐵馬冑是由護唇片、護頰板、面罩三部分組成的。面罩在額部向上豎起，外緣裝有一塊中間有突出的杏葉的環形甲片；面罩前端連接一片半圓形護唇片，兩側各垂一半圓形護頰板；在面罩與護頰板合縫處開有眼孔。面罩、護唇片、護頰板均用鐵銷相連，都能轉動摺疊，一側護頰板上還裝有三個帶扣，另一側護頰板上有與帶扣對稱的穿孔，似用於穿皮帶繫結的（圖8-14）。這套甲騎具裝，特別是這件鐵馬冑的出土具有重要的價值。

中國的重甲騎兵曾在歷史上產生過深遠的影響，具裝鎧甲與馬具不僅成為魏晉後各朝代的範本，而且流傳到日本、朝鮮和亞洲其他地區，馬鐙更是傳遍了全世界。馬具的歷史地位由於大量的出土實物早已得到各國學術界的公認，但鐵具裝在這件前燕馬冑沒有

圖 8-14　遼寧朝陽十二台鄉磚廠 88M1 號墓出土鐵馬冑（遼寧省博物館藏）

出土之前卻缺乏完整的實物可以做證，日本（1958年）與韓國（1985年）反而各出土了一件，現在，這一空白終於被填補了。從中、日、韓三件馬胄的外形結構來看，韓國的與遼寧朝陽88M1號墓出土的更為接近，日本的則與吉林集安高句麗墓室壁畫上的相類似（圖8-15）。

「霜矛成山林，玄甲曜日光」，魏晉南北朝的鐵騎曾縱橫戰場三百餘年，在古代戰爭史上譜寫過壯麗的篇章，牠的雄姿在近代的藏甲中還能見到，直至20世紀初，西藏地區的藏兵仍然有人馬披甲的重甲騎兵，當然，這時的主要作用是為了宗教禮儀活動製造神秘威嚴的氣氛，但我們依然能感覺到當年的雄渾（圖8-16）。[79]

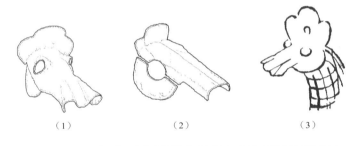

（1）　　　　　　　（2）　　　　　　　（3）

圖 8-15　（1）日本大谷古墳出土的鐵馬胄　（2）韓國東萊福泉洞出土的鐵馬胄　（3）吉林集安高句麗三室墓壁畫上的馬胄形象

圖 8-16 （1）魏晉南北朝時期重甲騎兵復原圖 （2）1903 年的西藏甲騎具裝

玖・魏晉南北朝以降的牛車與其他畜力車

在畜力車中歷史悠久、普及面廣的，除了馬車，就數牛車了。

牛為人類服役的年代遠甚於馬，《周易‧繫辭下》中有「服牛乘馬，引重致遠以利天下」，先於馬提到牛。牛性情溫馴、力大耐勞且易於飼養，所以總是承擔繁重艱苦的工作，牠早就與人類的生活密切聯繫着。

陝西鳳翔八旗屯秦墓出土的陶牛車模型是目前所知的最早的牛車，據此可知，用牛輓車應在戰國初就已經開始了。又據江陵鳳凰山、甘肅武威、青海西寧等地出土的銅、木牛偶車的車形判斷，漢代的牛車大部分用於裝載貨物，很少作為載人的乘車（參見圖9-1，圖5-22）。難怪《晉書‧輿服志》上說：「古之貴者不乘牛車」。

牛車漸漸風光起來是在東漢末年。據《三國志‧魏志‧董卓傳》記載，董卓被誅後其部將李傕、郭汜叛亂，漢獻帝被迫亡命陝北，途中，「失輜重，步行，唯皇后貴人從，至大陽，止人家屋中，奉、暹等遂以天子都安邑，御乘牛車」。因為牛車有「救駕」之功，所以「自靈、獻以來，天子至士庶遂以為常乘」（《晉書‧輿服志》）。

曹魏以後，牛車日益受到各階層人士的青睞。當時的達官顯貴出門都以牛車代步，以至於在這一時期的大型墓室壁畫中也多以牛車作為主題來描繪（圖9-2），同時大部分的墓中還隨葬有陶牛車。牛車在這時已成為人們生活中最重要的交通工具。

圖9-1　木牛車（青海西寧東漢墓出土）

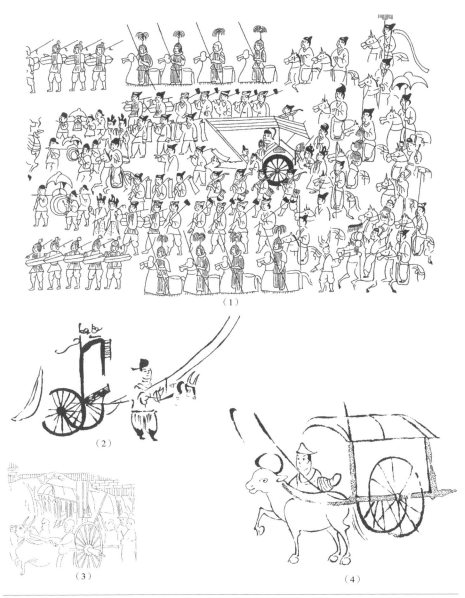

（1）

（2）

（3）

（4）

圖9-2 （1）《冬壽出行圖》（朝鮮黃海北道安嶽冬壽墓壁畫）（2）牛車圖（遼寧朝陽袁台子東晉墓壁畫）（3）牛車圖（甘肅酒泉丁家閘北涼5號墓壁畫）（4）《婁叡出行圖》（太原市北齊婁叡墓壁畫）

晉代的牛車從墓室壁畫中只能看出大致的輪廓。比較真實地再現其形象的是新疆吐魯番阿斯塔那晉墓與湖北鄂城東吳孫將軍墓出土的木、瓷牛車模型（圖9-3）。在兩件偶車中，似以木牛車的形制更準確些：

　　牛車的車廂呈縱長方形，雙轅上翹，但彎度已很小了，轅伸出輿後的一段構成車軫；車上有像貴州興義、興仁出土的銅車那樣的與車轎相連的穹形車篷，車篷的前後兩端各伸出一段用以遮陽；車輿前後各開一門，門的位置左右錯開，不開在同一方位上，輿前有一塊伸出的輿底廂板，高度比車廂內的廂板略低，瓷車的模型上在這塊廂板的左側還有矮圍欄，用以說明此處是車御的坐位；車輪仍像馬車一樣很高大，這是車轅變直所致，因為牛的身架比馬低，如果仍是曲軸，車輪相應就應該大大縮小；車轂粗且長，輻近轂處也比馬

圖9-3 （1）彩繪木牛車（新疆吐魯番阿斯塔那晉墓出土）（2）瓷牛車（湖北鄂城東吳孫將軍墓出土）

車顯得寬厚，這應是裝載重物所需要的。南京博物院陳列的一件復原後的東晉陶牛車展示了東晉時車馬形制的新變化；車廂前的馭手室已經全部用矮軨包圍起來，輿前已不開車門，而改成柵欄裝置（用墨筆繪的豎線條）；在兩側的車轓上部還各伸出一車耳，耳上有三個孔，這些孔從山西大同北魏墓出土的木板漆畫上可以看出是用來插支撐布襜的木杆的；與車轓相連的車篷前後兩端這時流行向上微翹，向前後延伸得更長了，篷頂上還以兩條橫寬帶來加固（圖9-4），這件陶牛車的形象已經與南北朝的完全相同了。

（1）　　　　　　　　　　　　　　　　　　　（2）

圖9-4　（1）東晉彩繪陶牛車（南京博物院收藏並復原車轓等木質部分，但東晉時牛車駕軛尚未用小鞍，故牛背上的小鞍不知有何根據）（2）《魯師母》圖中的牛車（山西大同北魏司馬金龍墓出土的木板漆畫）

南北朝的高級牛車資料很多，其中最精緻的是深圳博物館收藏的一件北朝銅牛車俑。牛車結構完整、比例準確、細節清晰，拉車的牛造型生動逼真。與晉代的牛車相比，南北朝的車轅顯得更粗碩平直；車廂的三面仍然是封閉的，在這件銅牛車俑上可以清楚地看到立體的格柵式封閉車輔；車篷的形象也沒有變化，篷似乎是用甎或皮革（也可能是木板）等硬質材料製成，上面也用帶橫向繃拉；車輪刻劃得特別仔細，輪牙由8塊輪輞拼合而成，拼合處用釘加固，車輻16根，比馬車車輻粗且近轂處比近牙處更寬厚，轂形似葫蘆，短而圓渾，承輻一段特別膨出；車軸頂端也如馬車一樣套有車軎、貫有車轄；車門開在車後，車門上沿、四邊的角柱與橫欄上都有用陰線刻上的花紋以表示彩繪（圖9-5）。其他如河南偃師、陝西西安等地北朝墓出土的彩繪陶牛車，也都大同小異，有的車廂略變小些，像漢代的軺車一樣橫向廣寬而進深較淺，有的在車廂的前面與兩側車輔上開有窗扉，車篷的前段伸出得特別長（圖9-6）。

圖 9-5　北朝銅牛車俑（深圳博物館藏）

（1）

（2）

（3）

圖 9-6　彩繪陶牛車　（1）山西太原北齊張肅墓出土　（2）陝西西安北朝墓出土　（3）河南偃師北魏染（冉）華墓出土

　　南北朝時期還有一種無篷的牛車，車廂的形制像中世紀的西式座椅，後面有高高的靠板，兩側是前低後高的曲線形輢板，輢板外側有時還裝有車耳，輿前也有低矮的車軨。這種車可能為達官顯宦短程出行時所乘。《冬壽出行》圖中冬壽的坐車可能就是這樣的車，

車中設有車座，上下車應是在輪前一側，輓車的牛由侍從牽着走，所以車上無須另設馭手的座位（參見圖9-2（1））。這時擔任運輸工作的仍是牛拉的大車，外形像樹幹一樣的轅表明這種大車仍沿用漢代輦車的制式（圖9-7）。

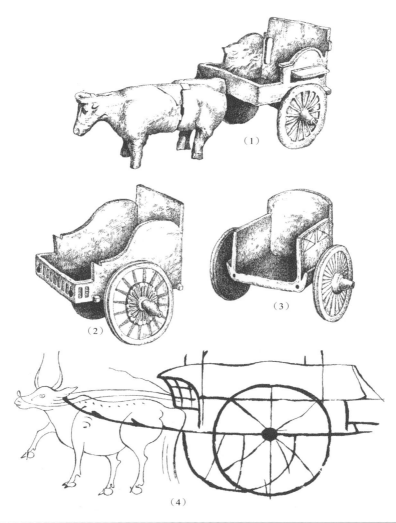

圖 9-7 （1）陶牛車俑（陝西西安草廠坡北魏墓出土）（2）陶車（河北滋縣灣漳北朝墓出土）（3）陝西咸陽平陵十六國墓出土彩繪陶牛車 （4）牛車圖（甘肅嘉峪關魏晉 5 號墓壁畫）

南北朝以後已盛行騎馬，一般富裕家庭不分少壯，男子出門騎馬代步的居多，但牛車乘輿仍是老弱婦女長途旅行專用的交通工具。

隋代的牛車在山東嘉祥的英山、徐敏行夫婦合葬墓壁畫《牛車出行圖》中出現過，其形象與南北朝的相比沒有明顯變化，只是在輪前車轅的兩側多插了兩支長戟，這可能是用來表明車主身份的（圖9-8）。

唐代時牛車的形制依然如故，新疆吐魯番阿斯塔那與哈拉和卓的唐墓中出土的木牛偶車，從外形看完全沿襲了晉代的車形（圖9-9），尤其是哈拉和卓出土的那輛，在大的結構上與阿斯塔那晉墓出土的全都一致（參見圖9-3（1））。在阿斯塔那唐墓出土的木牛車的變化也很小，除了在車輿前新開了一門兩窗，其餘一仍舊制；在前車轅左側窗上還遺留有當時粘貼的薄紗，這說明那時車的門、窗上都有紗、簾等遮蔽物。在山東嘉祥的隋代壁畫中，車後一人的動作就似在掀簾與車內人說話；而車轅似稍有變化，從側面看車轅是平直的，但若俯看，車轅的前段向中心微彎，車輪的直徑似乎比已往縮小了一些，車駕於牛背後，車轅會略向上仰，車轅上揚、車廂稍向後傾能使車產生衝力，可以減輕對牛項的壓迫，使車行走起來相對輕捷一些，陝西西安出土的一件唐代綠釉牛拉車俑把這一狀況表現

圖 9-8 《牛車出行圖》（山東嘉祥英山、徐敏行夫婦合葬墓壁畫）

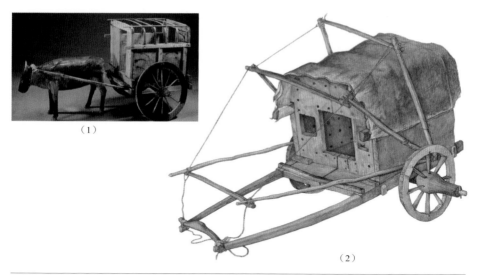

圖9-9 （1）木牛車（新疆吐魯番哈拉和卓唐墓出土，新疆維吾爾自治區考古研究所藏）（2）彩繪木牛車（新疆吐魯番阿斯塔那唐墓出土，新疆維吾爾自治區博物館藏。據實物寫生）

得很準確（圖9-10）。在阿斯塔那唐墓出土的木牛車上還保存有完整的用於支撐長檐的木架，如覆上布，其形象與《冬壽出行》圖中的車檐完全相同。據《顏氏家訓·勉學篇》說：「梁朝全盛之時，貴遊子弟多無學術，⋯⋯無不熏衣剃面，傅粉施朱，駕長檐車，跟高齒屐。⋯⋯從容出入，望若神仙」。

圖9-10 唐代綠釉牛拉車俑（陝西西安出土）

可見，長檐牛車在南北朝時是一些紈綺子弟喜愛的、被視為時髦的座車。長檐牛車到唐代時稱「通檐牛車」。牛步履沉穩緩慢，行走時身體的起伏比馬要小，所以坐牛車較為舒適，而且牛車四面密閉，車中設有几、座，人於車內可隨意坐臥，輕鬆自如，不像在敞露的馬車中，坐立都要講究姿勢儀容，難怪牛車備受追求逸樂生活的上層人士的偏愛。

唐代的牛車除了晉代的形制外，也採用南北朝的式樣。敦煌326窟東壁南側下層壁畫《女供養人與牛車》、陝西禮泉唐阿史那忠墓壁畫《牛車出行》圖中的牛車形象，高輪大篷、裝飾華麗，外表與深圳博物館藏的北朝銅牛車俑極為相似，但車輿的進深似有所增加，車廂顯得較為寬敞（圖9-11）。敦煌五代時期的《勞度叉鬥聖變》、《法華經變》等

（1）

（2）

圖 9-11 （1）《女供養人與牛車》敦煌 326 窟東壁南側下層壁畫 （2）《牛車出行圖》（陝西禮泉唐阿史那忠墓壁畫）

壁畫中的牛車，車廂進一步拉長，與東漢末、西晉初的大車相彷彿，車轅既不像阿斯塔那的唐車那樣橫向彎曲，也不同於南北朝的略向上翹，變得完全平直且粗碩（圖9-12）。

宋代的牛車在張擇端的《清明上河圖》中描繪得極清楚細緻，大致可分為兩種：

一種為上層士人、官吏眷屬的坐車；車身很龐大，車輪高出人頭頂一大截；車篷如歇山式屋頂，頂上據《東京夢華錄》記載覆蓋着棕絲，篷頂也像房頂一樣壓有脊樑；車廂板的四周有低矮的欄杆，欄杆內是門扉式的車轙，車門開在輿後，門上垂簾；車廂前後有寬闊的馭車座板和抵板，整個車廂看上去就像一座小廟，這樣大型的牛車一定相當笨重，難怪要用兩頭犍牛才能駕輓。

另一種牛車更為龐大，車身特別長，兩側以木板為轙，頂上用葦席作蓋，車前輿後都有半圓形的車門，亦用葦席製成，門向下開啟；車轅雖為獨輈，但不是獨輈車的結構，而像是用帶杈的小樹做成的，轅身平直轅頭向下彎勾，雙杈固定在車廂兩側的軫木上，這種牛車可能就是《東京夢華錄》中所稱的太平車或平頭車，雖然龐大簡陋，得要用三頭牛拉，但是結實耐用，應是商賈百姓的客貨兩用車（圖9-13、圖9-14）。

宋之後的牛車圖像較為少見。山東高唐縣金朝虞寅墓的壁畫中有一輛金朝牛車乘輿，

（1）　　　　　　　　　　　　　（2）

圖 9-12 （1）敦煌 146 窟西壁《勞度叉鬥聖變》中「須達訪園」圖中的牛車 （2）敦煌 98 窟南壁《法華經變》「信解品」圖中的牛車

圖 9-13 《清明上河圖》中的士人、官吏眷屬乘坐的牛車

圖 9-14 《清明上河圖》中的客貨兩用牛車

車的頂篷又是一種風格，篷成長方形，前高後低，伸出輿前的部分多於輿後，車篷的四邊有下垂的折褶，前篷的兩角用木杆撐於車轅之上，並用繩帶向下收勒，車廂也是前高後低，車軸不裝在車廂中間部位而向前移，車軹如宋代一樣鋪有木板，在輿前的車門處似掛有竹簾。這輛牛車的轅除了轅首的小段微向上彎，其餘都是平直的，轅首似還裝有轅飾，這在有關牛車的資料中是第一次見到，或許一些華貴的牛車上也曾按照馬車的式樣裝過轅飾，西安南郊的曲江遺址曾出土過一件玉雕的龍首飾，其造型簡潔、線條粗獷，並不像是帝王車輅上的用品，特別是空鑿的尺寸與牛車的轅直徑很相符，有可能是牛車上的轅飾（圖9-15）。

（1）

（2）

圖 9-15 （1）牛車圖（山東高唐縣金朝虞寅墓壁畫）（2）玉雕龍首飾（長 18 厘米、寬 7.5 厘米、高 10.2 厘米，西安曲江遺址出土）

明代時牛車已呈衰落趨勢，山東曲阜孔廟的《聖跡圖》中描繪的牛車已完全是一種大車了，車身豎長，三面有較低的欄板，直轅，車篷為雙層的葦席覆蓋而成，前後邊緣用竹片夾持做成支架，看上去比宋代的太平車還顯得簡陋，與清末乃至現代的木板大車已經沒有什麼區別了（圖9-16）。

　　秦漢以後的牛車因為是從先秦馬車中的棧車、役車和漢代的輂車演化而來的，所以它的駕輓方法最初也是採用馬車的駕輓方法。

　　江陵鳳凰山167號墓出土的木牛車，雖然衡軛的形象有所改變，但輓車用的仍舊是衡軛裝置，駕馭的方法並沒有根本改變。然而牛與馬在體型上卻有根本的區別，馬的脖子細長，頸項的側面比較寬闊而正面顯得瘦削，頸部肌肉發達結實；牛的脖子粗壯而短，項下多贅肉，頸皮鬆軟多皺，肩背部有聳起的強有力的肩峰，這對輓車是很有利的。

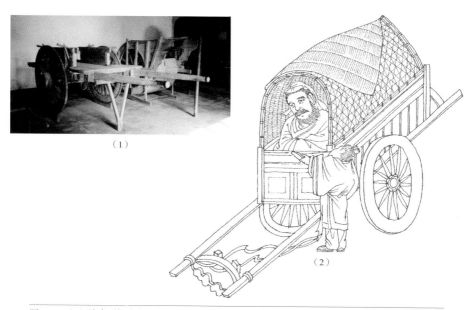

（1）

（2）

圖9-16 （1）清末平板牛車（山西襄汾丁村民俗博物館藏）（2）山東曲阜孔廟《聖跡圖》中的牛車

衡軛的設計只適合馬的體型特點，如用在牛身上顯然不能發揮其肩峰的作用，特別是固定軛時要用頸靮收勒，牛項下的贅肉完全不宜捆縛。另外牛的四肢比馬短，身架也比馬低些，車轅放平已能達到牠的肩峰之下，實際上只需把雙轅之間架的衡擱在肩峰的前面，就能夠拉着車走了。所以，牛車的駕輓方法關鍵在於改變衡的結構。

新疆吐魯番阿斯塔那的晉代、唐代木牛偶車上，衡已變成中間拱起的圓木棍，改變後的衡被稱為「鬲」。《考工記・車人》謂「鬲長六尺」，鄭玄注引鄭司農云：「鬲，謂轅端厭牛領者」。看來漢代時已有此物，或許江陵鳳凰山167號墓出土的牛偶車上形狀奇特的衡與軛組合起來就是一種早期的鬲。

總之，到了晉代，已將衡軛合而為一了。

深圳博物館收藏的北朝銅牛車俑上，鬲下裝有兩個環，套車時車轅只需伸入環中用繩捆緊就可以了，駕車變得十分方便。當然，鬲也需要固定，不過不必像用於馬的頸靮縛得那樣緊，只需寬鬆地用繩繫一下就行。另外，馬車上拽車的靷在牛車上也有，《清明上河圖》中就明確畫出了宋代牛車靷的裝置方法：將一個鬆散的環套套入牛項後沿牛腹兩側牽引兩根長靷繩至車軫或車軸上，靷繩依靠橫披於牛背的吊帶固定在車轅的內側，富貴人家的牛車，牛背上的靷繩吊帶與靷繩交叉處還裝有垂飾件（參見圖9-6（3））。

駕輓牛車並不是只用鬲，有時候也依然用衡軛之類，如《清明上河圖》中北宋的三駕套獨轅牛車，輈首彎勾內就捆有車衡，車衡上雖然沒有縛軛，但在衡上垂直貫插了四根木棍，兩頭牛的項正卡在兩棍之間，項下有繩索與木棍繫結，這些木棍無疑是軛的變形，這也說明獨轅車不管使用何種畜力駕輓，都離不開衡與軛（參見圖9-14）。牛車在使用兩頭以上的牛駕輓時同樣也將牛分為驂牛與服牛，服牛的任務與服馬相同，輓車為主，拉車為輔；驂牛則只管拉車，但所處的位置不同於驂馬，而是在服牛的前面。據《東京夢華錄》稱，北宋的牛車最多時要用「五七頭牛拽之」。圖9-17、圖9-18、圖9-19是南北朝與唐代的長檐牛車、通幰牛車復原圖，供參考。

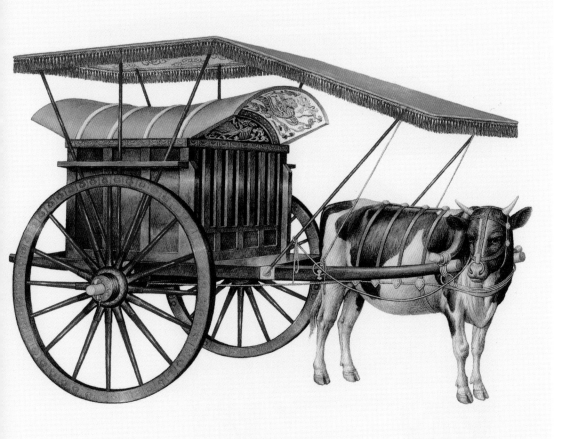

圖 9-17　南北朝時期的長檐牛車綜合復原圖

圖 9-18　唐代的通幰牛車復原圖（兩張復原圖中涉及的織物紋樣、髹漆顏色、彩繪圖案均根據同時代墓葬出土實物，
參照有關文字記載描繪）

（1）

（2）

圖9-19 （1）北宋時期牛車 （2）元 蒙古牛車圖

除了牛車外，在古代曾一度享有尊貴地位的還有遼代的駝車。駝車因為產於奚地，又稱「奚車」。

據《遼史·儀衞志》記載，遼朝的皇帝車輿分國輿與漢輿兩種。

國輿中大部分是駝車，如「總纛車駕以禦駝。《祭山儀》見皇太后升總纛車。……青幰車，二螭頭，蓋部皆飾以銀，駕用駝，公主下嫁以賜之」。駝車的形象在吉林、內蒙古等地幾座規模巨大的遼代貴族墓的壁畫上曾反覆出現，如內蒙古哲里木盟庫倫旗1號遼墓的墓道南壁與天井（墓門與墓道之間的空地）南壁兩處都繪有駝車，[80] 天井南壁的駝車頂部因顏色剝落有些殘缺，墓道南壁的駝車較為完整。從圖上看，駝車像高輪平板大車，車後有寬闊的車軨，車廂分為兩間，前間頂平，兩側似掛有氈毯，後間上有歇山屋頂，屋頂正脊兩端還有鴟狀飾件，檐下垂掛珠繐。車軨似用木板製作。車廂前後都有門，門上掛有氈簾，後門外還有門廊，門廊的角柱撐在車軨上。前間車頂上還保留着類似南北朝牛車上的那種布檐，布檐前伸與車軨首齊平，用兩根長杆斜向支撐，再用繩索將檐繃緊。車軨中段平直，首尾套有軨飾，略向上彎，軨飾外形像龍首，應即《遼史》中所稱的「螭頭」。在這座遼墓墓道南北壁上，從表層白灰剝落處還露出裏層的壁畫，北壁裏層的壁畫中也有一輛駝車的殘部，可以看出前車廂外壁掛着的是有包邊的細簾（圖9-20）。

在內蒙古昭烏達盟敖漢旗北三家村遼墓壁畫上，[81] 駝車畫得更完整。車的周圍無物遮擋，輓車的雙駝、人物與背景都安排在車的左右及後面，這使車的形象十分突出。這輛車的外形與吉林哲里木盟的完全相同，在一些細部結構上，如車廂板上墊的氈毯，壁上掛的壁毯，後車廂車軨上的彩繪，蓋頂上的脊飾等，畫得比哲里木盟的更仔細（圖9-21）。

駝車還經常出現在繪畫作品中。宋代的李唐與陳居中所作的《文姬歸漢圖》中都有駝車的形象。李唐畫中的駝車，結構明確，上車用的木梯和車輪旁站立的侍從襯托出駝車的高大，前車廂用木柱做框架，木柱之間有低矮的欄板，車廂外掛有竹簾，竹簾的邊緣有寬闊的包邊，包邊上釘有銀色泡釘，車頂與整個後車廂好像都以青氈製成，外形如支起的帳

圖 9-20　吉林哲里木盟庫倫旗 1 號遼墓壁畫上的駝車　（1）墓道南壁壁畫上的駝車　（2）天井南壁壁畫上的
駝車　（3）墓道北壁內層壁畫上的駝車殘部

篷，兩側還用朱色木杆夾持；後車廂門廊很像是撐起的門扉，前車廂內的欄柱和後車廂頂

蓋的正、垂脊等處都鑲有鎏金的飾件，前後車轅首上都套有鎏金龍首飾。陳居中的作品不

知是否摹寫李唐的畫，畫面的布局調整得更完美，但駝車的結構卻不如李唐的真實，因而

參考價值也不如李唐的大（圖9-22）。

　　明代的仇英在《明妃出塞圖》中也描畫過駝車：前車廂三面垂掛的是幛幔，後車廂

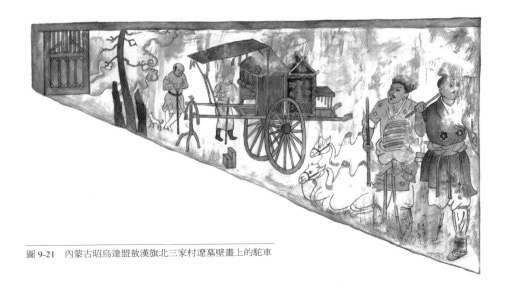

圖 9-21　內蒙古昭烏達盟敖漢旗北三家村遼墓壁畫上的駝車

圖 9-22　（1）李唐作《文姬歸漢圖》中的駝車　（2）陳居中作《文姬歸漢圖》中的駝車

像一乘轎子，布縵的掛法與裝飾圖案都帶有漢人的風俗特點。這幅畫所描繪的駝車的真
實性遜於遼墓壁畫與李唐的作品，其後輈飾被畫成鳳凰的造型，這也有違《遼史》的記
載。天津藝術博物館收藏一件玉質遼車龍首形輈飾，但這是否屬於駝車上的卻無從考證
了（圖9-23）。

（1）

（2）

圖9-23　（1）玉龍首飾（天津市藝術博物館藏）
（2）明代仇英作《明妃出塞圖》

　　駝車的駕輓方法比牛、馬車更為簡易，因為駱駝有高聳的駝峰，只需把車轅架在駝峰之前，略加拴繫，車就能前行。內蒙古哲里木盟庫倫旗、內蒙古昭烏達盟敖漢旗遼墓壁畫及陳居中畫中的駝車雙轅頭上都搭着一條寬布帶，這條布帶應該就是輓車用的（參見圖9-20、圖9-21、圖9-22（2））。在赤峰市解放營子遼墓壁畫上可以見到駕上駱駝的駝車，但畫面表現的似乎是在卸車，故駕車的細節從圖上看不出（圖9-24）。如根據輓車的基本原理，除了縛轅的頸鞦繩外，一定不能缺少鞶帶，鞶帶穿過駱駝雙峰之間與雙轅繫結是最可行的方法，而靷繩除非是駕雙駝，單駝拉車看來是不需要的（圖9-25）。

　　遼朝還有用鹿駕車的。內蒙古哲里木盟庫倫旗遼墓的墓道北壁壁畫上有一輛小車，車廂的外形與仇英畫的駝車後車廂很相似，車蓋像轎頂，蓋頂中心飾有火珠，車蓋周圍檐下垂有短帷，四角掛有流蘇。門在車廂前面，門上垂掛網格簾，高輪直轅，轅首有轅

圖9-24　內蒙古赤峰解放營子遼墓壁畫上的駝車

飾。據《遼史・儀衛志》記載：「契丹故俗，便於鞍馬。隨水草遷徙，則有氊車，任載有大車，婦人乘馬，亦有小車，富貴者加之華飾」。這輛車可能就是婦女乘的有華飾的小車。車前有三人，一人牽牡鹿令其低頭，另一人抬車轅正準備架在牡鹿上，雙轅上也擱了一條類似於駝車上的寬帶，車旁還有一老者似在指點。

關於鹿車，漢代的史籍中常見提及，但在漢代的圖像資料中還沒有發現，這幅圖是目前在墓室壁畫中僅見的一例（圖9-26）。另外，在清代的《三圖詩》一書中也有一幅康熙畫的鹿車圖。這輛鹿車很像南北朝時期無篷的牛車，其駕輓方法描繪得倒是頗為實際（圖9-27）。遼朝的亭子式小車到元代時仍見使用，不過又成了駕馬的馬車，或許在遼朝時小車原本就是用馬駕輓的，用鹿駕車很可能只是貴婦們嬉戲遊樂時所為。

在生產與生活中從事交通運輸的畜力車還有驢車、騾車，尤以驢車為多。驢體形雖小，但耐力極強且性情溫馴，食性粗、易飼養，可以從事騎乘、拉車、馱物、推磨等多項

圖 9-25　遼代駝車綜合復原圖

圖9-26 （1）內蒙古哲里木盟庫倫旗 1 號遼墓墓道北壁壁畫上的鹿車

勞動，所以很受民間歡迎。用驢拉車可能始於宋代，唐代之前主要是用來乘騎，很多大詩人的名詩絕句都是在驢背上創作出來的。

宋代的驢車在《清明上河圖》中出現最多，大致有兩種，一種是雙轅平板大車；另一種是獨輪車（圖9-28（2）），這兩種車都是靠人力握轅輓車，驢僅僅是拽拉而已。根據「車須由牲畜駕輓拽拉，人僅是握彎駕馭」的原則而論，這兩種都不能算是完全的驢車。真正的驢車在明清時期使用很普遍，直到今天在中國廣大的城鄉地區仍不時能見到，這是一種既經濟又實用，既便利又少污染的運載工具（圖9-29）。

北宋的驢車雖然不正統，但驢拉車的方法很值得研究。拉車時用的不是軛或鬲，而是在脖子上套了一個有充填物的布軛套，拉車的靷繩就繫在軛套上，這種軟質布軛套稱為「肩套」，是雙轅車最完善的鞍套式繫駕法開始出現的標誌。

圖 9-26 （2）遼代鹿車綜合復原圖

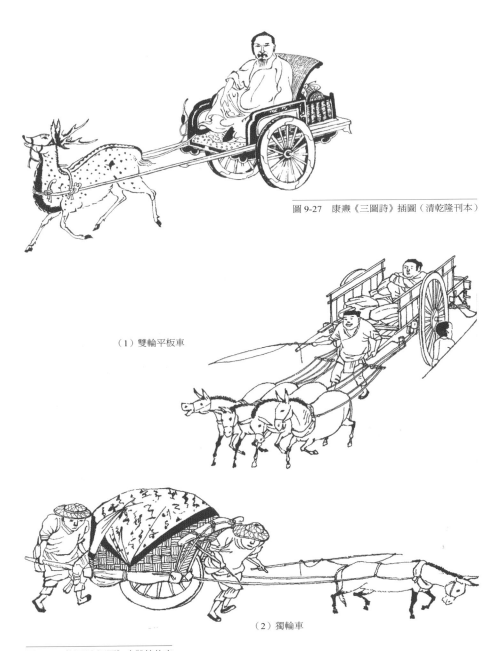

圖 9-27　康熙《三圖詩》插圖（清乾隆刊本）

（1）雙輪平板車

（2）獨輪車

圖 9-28　《清明上河圖》中驢拉的車

圖 9-29　清代北方的驢車

拾 · 魏晉後各朝代的帝王
輅車與明清民用馬車

自《周禮》記述帝王乘輿有玉、金、象、革、木五路（後世用「輅」）之後，歷朝正史的《輿服志》、《儀衛志》中均記有這五種車，除形制有差，顏色有別，裝飾紋樣有異之外，其餘各個方面，如五種車的基本裝飾要求、使用的場合，輈、衡、軛、柱諸末裝飾材料的質地各隨車名（金輅用金，玉輅用玉，象輅用骨，革輅用銅）等一直不變。

漢代之前的輅車在先秦、秦漢部分已有論述，漢之後的車輅雖然文字記載很詳盡，但實物與圖像資料卻很匱乏，除了清代在故宮和避暑山莊有少量實物收藏之外，其餘各朝代真正屬於帝後乘輿的輅車資料很少見到，大多數是親王以下級別的輅的出土偶車和有關繪畫作品，管中窺豹，這也多少可以獲取、增加一點對輅車的感性認識。

魏晉時代的輅車可以顧愷之的《洛神賦圖卷》作為參考。在圖卷中有兩處出現輅車，一處描繪曹植乘車離開洛河的情景；另一處是描繪洛神出現時的情景。

曹植的乘車是一輛朱輿朱輪，形制類似於漢代的獨輈軺車，車的華蓋有兩層，車後斜插旌旗，駕四馬，馬頭上都有羽飾。洛神的坐車雖然經過神化，沒有畫出車輪，而是畫了鳥翅替代，但車廂的形象與曹植的車依然大同小異，也是朱輿和兩層華蓋，車後亦插旌旗（圖10-1）。

據《晉書·輿服志》記載，「天子五路法車，皆朱班漆輪，……畫轓及輈，青蓋，

（1）

（2）

圖10-1　顧愷之作《洛神賦圖卷》中的輅車形象　（1）曹植乘車　（2）洛神乘車

黃為裏，謂之黃屋，……兩廂之後，皆玳瑁為鵝翅，加以金銀雕飾，故世人亦謂之金鵝車」，又有「金路，建大旂，九旒，以會萬國之賓，亦以賜上公及王子母弟，……皆駕四馬，馬並以黃金為文髦，插以翟尾」。

畫中兩輛車朱輪有輻，車後建旗都與記載相符，洛神的車後大旗有九條飄帶，車廂兩側又有羽翅裝飾，也與記載中的「鵝翅」、「九旒」一致（旗的飄帶古稱「旒」）。曹植車的四匹馬首上的羽飾有可能就是所謂的「翟尾」。只是畫中傘蓋是黃色似與記載不符，但曹植乘車的上層小傘蓋面是青色，或許青蓋指的就是它。曹植為魏文帝曹丕之弟，以其身份是有資格坐金路車的，作為藝術作品，畫家無須仔細考證，畫得面面俱到，所以畫面上很多原本能進一步說明問題的諸如衡、軛等的裝飾細節都省略了，但如果把畫中這兩輛車結合在一起看，就能看出魏晉時帝王的輅車面貌。

唐代的輅在陝西乾縣懿德太子墓壁畫中出現過，車的形制大致與《洛神賦》中的相似，車後也插大旗，輪、輿皆朱色，車前有儀仗隊撐持的兩柄傘、兩把圓扇和一把方扇。

據《新唐書·車服志》記載，「皇太子之車三：金路者，從祀、朝賀、納妃所乘也，赤質，金飾末，重較，箱畫苣文鳥獸，……龍輈，……朱黃蓋裏，輪畫朱牙。左建旗九旒，右載闟（xì）戟，旗首金龍銜結綬及鈴綏」，又據《唐六典·殿中省·尚輦局》記載，傘、圓傘、長方扇為太子大朝時所用之「傘扇」。既然畫中車的顏色、建旗與文獻記載都相符，又有大朝所用的儀仗，這輛車無疑就是金路車（圖10-2）。

唐代鎏金的車飾，在西安東郊曾出土過一件，龍首形，圓銎，根據其直徑尺寸判斷應該是車轅上的轅飾（圖10-3）。

宋代的車服制度曾數次改易，《宋史·輿服志》記載：「宋自神宗以降，銳意稽古，禮文之事，招延儒士，折衷同異。元豐有詳定禮文所，徽宗大觀間有議禮局，政和又有禮制局。先是，元豐雖置局造輅，而五輅及副輅，多仍唐舊。玉輅，自唐顯慶中傳

圖10-2　陝西乾縣唐懿德太子墓墓道東壁壁畫《儀仗圖》

圖10-3　鎏金龍首飾（西安東郊出土）

之，至宋曰顯慶輅，親郊則乘之。……高宗渡江，鹵簿儀仗悉毀於兵。紹興十二年，始命工部尚書莫將、戶部侍郎張澄等以天禧、宣和《鹵簿圖》考究制度，及故內侍工匠省記指說，參酌制度。是年九月，玉輅成」。製成的輅「通高十九尺，輪高六十三寸，輞徑三十九寸，軸長十五尺三寸。頂上剡為輪三層，象天圜也。……登車則自後卷簾梯級以登。……前有轅木三，鱗體昂首龍形。轅木上兩橫竿」。

宋代的一尺，根據江蘇南京、湖北江陵、福建福州和泉州等地出土的竹、木尺實物長度計算，最短的等於今天27厘米（南宋），最長的為32.93厘米（北宋），如採用折中的30.8厘米（江陵出土）為一尺，這種輅車通高將達6米，僅輪高就達2米，如此龐大的車真是亙古未有。這種車的形象在宋代《大駕鹵簿圖》上有較清晰地描繪，全圖以金、鼓、步輦為導，後隨金、象等輅，輅後隨各級官吏的坐車。

車的外形都基本一致，輅車三轅，每轅駕兩馬，官吏車獨輈，每車駕四馬，車廂的形制仍舊是漢代的獨輈軺車，只是把它放大了約一倍，人站於車內恐怕連腦袋都難以伸出輿外，當然這種車是坐乘的，車廂內設有几、座。車的傘蓋、輿後的旌旗插置都與晉代的相同，唯有轅、衡結構不與前朝相類，車雖是三輈或獨輈，但因為車特別高大，所以就無須彎曲，在筆直的輈前只有衡木而不見軛，六匹或四匹馬都輓同一根衡，這種駕輓方法也是前所未有的（圖10-4）。

駕車的馬同為服馬，主要原因可能是車身過重。正如《宋史·輿服志》中所載，這種車皆三種轅，「在前者名曰鳳轅，馬負之以行；次曰推轅，班直推之以助馬力；橫於轅後者名曰壓轅，以人壓於後，欲取其平」。這一段話或可說明巨大的車身自重給馬造成很大的負荷，所以尚需人力在車後推車兼壓車尾，以減輕馬的壓力，如此笨重的車且不論車速，連正常的行車恐也不易，真不知一批滿腹經綸之士是如何考證、設計出這樣的車的。

關於獨輈車不用軛駕輓的例子在北宋牛車的駕輓方法中就談到過，而馬車無軛駕輓

圖10-4　宋《大駕鹵簿圖》中之金、象輅車形象

早在唐末就出現了。敦煌第100窟的北壁壁畫中有一輛裝飾華麗的長檐馬車，馬的頸項上套了一個與《清明上河圖》中拉車的驢子套的同樣的肩套，車的衡木就捆縛在肩套之前，肩套如同給馬造了一個牛的肩峰，這是馬車第一個向鞍套式繫駕法過渡的例子（圖10-5）。而《大駕鹵簿圖》中既不用軏，也不見肩套，衡似直接用靷繩繫縛在馬項上的，並且連靷繩也不見用，連最基本的繫駕方法也不齊備，這很可能說明此種輅車只是儀仗品，在一些重大的國事活動中象徵性地出現一下，並沒有實用的價值。

　　南宋的輅車仍然保持了北宋的式樣，馬和之作的《宋高宗書孝經》一圖中比較準確詳細地描繪了這種輅車，龐大的車身沒有絲毫縮小。《孔氏祖庭廣記》中還描繪了一輛金朝的輅車，這輛輅車的形制與宋代的也較相似，但車的尺寸已大為縮小，較適合實際使用了；輅是單轅，有衡無軏，這與宋朝的相同；駕雙馬，但馬項上很清楚地畫有肩套，肩套與車衡相連，車靷繩繫在肩套上，馭手站立在車廂前的小室中駕車，帝王坐於廂內，傘蓋則由侍臣撐持，畫面所描繪的一切看上去還是頗為真實的（圖10-6）。據

圖10-5　敦煌第100窟北壁
壁畫《回鶻公主出行圖》
（局部）

《金史‧輿服志》記載，金朝同樣也沿
用五輅，輅的車身多漆黑色，車蓋則
有青、緋、銀褐、黃、皂等色，圖中
的輅屬五輅中的哪一種尚難確定。

　　元代定都北京後，車服制度繼續
沿襲宋代，陳巽中作的《大駕鹵簿

（1）

（2）

圖10-6　（1）南宋馬和之
作《宋高宗書孝經圖》中
的輅車　（2）《孔氏祖庭
廣記》插圖《乘輅》（金
正大四年刊本）

圖10-7　元陳巽中《大駕鹵簿圖》中尚書乘坐的象輅（根據印刷品臨摹）

圖》中的輅車，與北宋《大駕鹵簿圖》中的形象如出一轍，連駕輓的方法與輓車的馬的裝飾也完全相同（圖10-7）。

明代的輅車資料較為豐富。1970年在山東曲阜九龍山南麓發掘出的魯荒王朱檀墓，墓中除出土了一批很有價值的衣冠實物和書籍、漆器外，還出土了四百餘件雕刻精緻、色彩鮮豔的儀仗木俑，包括兩輛木偶車：

一輛為三轅平板大車；輪無輻，輪上有擋泥板，形制與現代汽車上的相同；車輿平板上外置欄杆、內為亭子式車廂，車廂上為圓形笠式車蓋，中間飾有巨大的金色寶頂，車蓋周圍還鑲有3層金葉片，整個蓋頂形如蓮花寶座；車廂的門開於前方，車廂內設有

圖10-8 （1）山東曲阜九龍山南麓明朱檀墓出土木車模型（據實物寫生）（2）四川明蜀王世子墓出土陶車

座椅，欄幹的角柱、門柱上均有柱飾，三根直轅的前後端均有龍首飾。

另一輛為雙轅小車，形制如大車，但車蓋的金葉飾片只有一層，雙轅只有前端裝龍首飾，輪上也有擋泥輪板，亭式車廂裏也有坐椅，這輛明器偶車與四川明蜀王世子墓出土陶車基本相同（圖10-8）。

朱檀為明太祖朱元璋的第十子。據《明史‧輿服志》記載：「親王象輅，其高視金輅減六寸，其廣減一尺。轅長視大輅減一尺。輅座高三尺有奇，餘飾同金輅」。

在明代的帝王車輿制度中，皇帝只有大輅、玉輅、大馬輦、小馬輦、步輦等，獨無金輅，金輅為皇太子的第一乘輿，既然親王的象輅祗在尺寸上比金輅略小，那麼這輛模型車的形制也就是金輅的形制，而那輛小車模型也可能是小馬輦一類的車。

當然，這兩輛偶車只是明代輅車的一個輪廓，根據《明史》記載和《三才圖會》中的《五輅圖》，車輪有輻，為18條輻，並非實心車輪。亭式車廂的四面都掛有帷幔，亭內坐椅的背後還設有屏風，車輪的輪牙、車輻、擋泥板上和欄杆等處都鑲有鎏金銅飾，帷幔、垂帶及座墊上都有雲龍、雲鳳等刺繡紋飾，裝飾非常華麗，其完整形象可以從明《大駕鹵簿圖》中看到。圖中車的外形與山東曲阜朱檀墓的偶車、《三才圖會》的《五輅圖》都很一致，輪的18條輻與記載也印合，只有輅駕三馬的情況與史籍不符（圖10-9）。

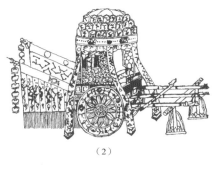

（2）

圖10-9 （1）明《大駕鹵簿圖》（故宮博物院藏） （2）《五輅圖》（《三才圖會》之插圖）

（1）

明代皇帝的大輅、玉輅駕以兩象，其餘各種車都至少駕四匹馬（小馬輦），多的駕有八匹。山東曲阜朱檀墓的三轅車應可駕四匹至六匹馬，而雙轅車只可駕三匹馬。那麼，《大駕鹵簿圖》中的車是否屬於后妃車？可是其車轅的前後都有龍首飾，車輪的擋泥板也與朱檀墓的大偶車相同，車身的顏色也符合文獻記載中的金輅，特別是車旁文官武將簇擁而行的場面更表明此車為帝王而非后妃車輅，這一問題尚待以後有新的材料再作進一步研究。

《大駕鹵簿圖》上還較清晰地畫出了古代鞍套式馬車繫駕法，在車輅的轅前設有車衡，不用軛，駕車的三匹馬背上都有低平的小鞍，兩條轅分別用皮帶繫掛於馬的小鞍上；馬項上套有肩套，靷繩像胸帶一樣環繞在馬的前胸與肩套打結後再繫於車底，這種繫駕法如同南北朝時期的牛車，讓馬背承轅，而靠馬胸拽車，是最能發揮畜力的簡便易行的繫駕法。鞍套式繫駕法實際上在元代時就已形成，西安曲江元段繼榮墓出土的一件陶馬車俑，車廂的外形像遼代的亭子車，車的雙轅套一根皮帶掛在馬背有鞍橋的小鞍上，從肩套旁伸出兩根短靷繩縛住車轅的前端（圖10-10），這一鞍套式繫駕法一直到今天仍然還在使用着。

清代的輅車據《清史稿‧輿服志一》稱：「清初仍明舊有玉輅、大輅、大馬輦、小馬輦之制，與香步輦並稱五輦。……[乾隆]八年，改大輅為金輅，大馬輦為象輅，小馬輦為革輅，香步輦為木輅，玉輅仍舊，是為五輅」。

玉輅的形象在《八旬萬壽盛典》長卷中出現過（圖10-11），視其形制與明《大駕鹵

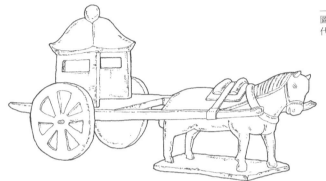

圖10-10　馬車陶俑（西安曲江元代段繼榮墓出土）

圖10-11　《八旬萬壽盛典》長卷（故宮博物院藏，根據印刷品臨摹）

簿圖》上的輅車很相似，其細部也與《清史稿·輿服志》中記載的基本上都能吻合；「圓蓋方軫」，頂周圍貼有「鏤金雲板三層」，中間「冠金圓頂」，車亭中設「金龍寶座」，四面「垂朱簾」，雙直轅上「金龍首尾飾兩端」，「兩輪各有十八輻，鏤花飾金」，輪上亦有輪罩，車「後建太常十二旒」，每輛輅車的邊上還都畫了一頭象，這與《清史稿·輿服志一》「駕象一，靷引以朱絨釦」的記載也一致。金、象、木、革四輅除了局部裝飾略有不同外，其他方面都與玉輅相同，所以知道了玉輅，就能大概了解清代帝王的五輅。

　　清代皇後的輅車中只有鳳車是車，其餘的鳳輿和儀輿，雖名稱為輿，實際上都是人抬的步輦。

　　據《清史稿·輿服志一》記載，鳳車的車廂縱長方形，四面以木板作車輈，兩側有可推啟的小窗，後面開有門，門下有木板鋪就的車軨踏板，門上「明黃緞幃，黃里」，方形車蓋大於車廂，四周有「明黃緞垂簷」，簷下四角掛有流蘇；方車蓋上有「穹蓋二層」，上層「繪八寶，八角飾以金鳳」，下層「繪雲文，四隅飾亦如之。冠金圓頂。鏤雲，雜寶銜之」，車輈髹明黃，「左右及後皆繪金鳳」，車中設座，「坐具亦明黃緞為之，上繡彩鳳」，雙轅「兩端鑽以鐵鋄金，……駕馬一」；車輪18輻，輪軸裝在車廂的後軫木上，這亦為以往實物所未見（圖10-12）。如此裝輪的車駕上馬後、車廂就像被抬着走一樣，馬的負載肯定比傳統的裝輪方法要重，但停車、拐彎時因支點靠後，可能比較靈便，行車中顛簸也輕些。

　　鳳車之外還有儀車，其形制亦相同，但裝飾上要樸素一些。皇太后、妃嬪之輿也都是用鳳、儀車中的一種，唯裝飾、名稱各異，如皇太后的鳳車稱「龍鳳車」，貴妃的鳳車稱「翟車」，這些車也都是雙轅、單馬駕馭的。儀車的實物在避暑山莊有收藏品陳列，這種車在清後期一般官宦眷屬也都能乘坐，當然裝飾上要更簡陋些（圖10-13）。

　　從魏晉開始，直至清代，帝王車輅在車後都有斜置旌旗的制度，而且旗的垂旒要拖到地面。對於輅車上斜插旌旗的問題過去常有疑問，因為先秦時期很多出土遺跡、實物表明

圖10-12　鳳車圖（《清會典》插圖）

圖10-13　清末的民用馬車（選自《西方人筆下的中國風情畫》）

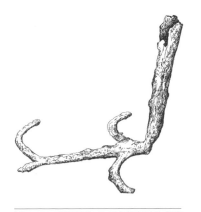

圖10-14　鐵製插旗座（遼寧北票北燕馮素弗墓出土）

車上的旗都是垂直插置的，但魏晉以後變成向後傾斜，總感覺旗面很大，不容易插置穩當，後來看到北燕馮素弗墓出土的鐵旗座才疑慮頓釋（圖10-14），原來是用這種像鷹爪一樣的旗座釘於輿底，插旗當然不成問題。

帝王車輅歷來都以駕馬為主，駕象只在重大典禮上偶然為之，儀式一過仍改用馬。但民間的乘車受魏晉南北朝風氣的影響，曾經在很長時間內一直以牛車為主。

在牛車流行的同時還時興坐轎，轎的舒適不亞於牛車。行程較短，坐轎比坐牛車更方便。而若要趕時間就須直接騎馬，鞍具的完備使騎馬成為時髦的旅行方法。交通工具的多樣化使馬車的後期發展受到一定程度的影響。

元代以後，由於馬車也採用了牛車簡易有效的鞍套式繫駕法，乘坐馬車的風氣重又回潮。

明代民間最常用的馬車與北宋的驢拉雙轅車很相似。湖北荊州明遼王墓出土的一輛偶車很有代表性，形制如平板大車，直轅，車廂兩側有低矮的輢板，質樸簡陋，結構粗重厚實。這種車不僅能駕馬、駕牛，駕驢、騾都可以，且既能夠載貨物，略加修飾，如設置座椅、加上靠板、插上車蓋等，也能夠作乘輿。

清代的王公大臣、豪富之家的車常作成有固定的篷蓋和車轅、裝飾較華貴的乘車，有時還用紅木、花梨木等珍貴木材雕刻出櫺檻式車轅，頂篷、前後車門用油氈等覆蓋做簾，車轅和輪上鑲包銅飾，有很多實物流傳到現在，成為古董愛好者的珍貴藏品（圖10-15）。下層士人、普通百姓所乘坐的則要粗陋得多，車廂都是木板製就，兩面

圖10-15 （1）木馬車（湖北荊州明遼王墓出土，據實物寫生）（2）《歸莊圖》，元何澄作（局部）（3）《子路問津》圖，明仇英作（局部）

各開一個比頭略大的方孔以透光，頂上或蓋席，或蒙氈，裝飾一以實用為度，在專門從事客運的車中很多都是這樣的車（圖10-16）。

　　圖10-17、圖10-18、圖10-19是唐代、明代與清代輅車的綜合復原圖，有關色彩、圖案、紋樣均以同時代文物作參考，雖然由於形象資料的缺乏，復原圖的準確性可能不高，但基本能夠反映出這些車輅的原來風貌。

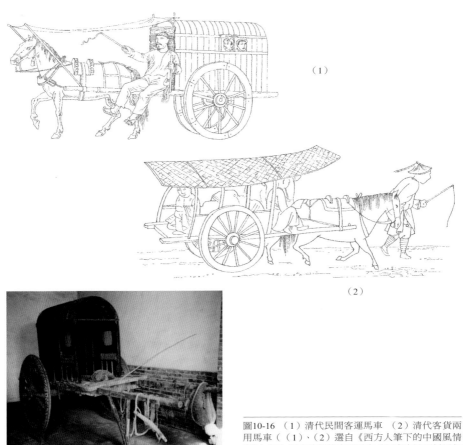

（1）

（2）

（3）

圖10-16　（1）清代民間客運馬車　（2）清代客貨兩用馬車（（1）、（2）選自《西方人筆下的中國風情畫》）（3）明末清初的官用馬車（河南襄汾丁村民俗博物館藏品）

圖10-17　唐代金輅綜合復原圖

圖10-18　明代小馬輦綜合復原圖

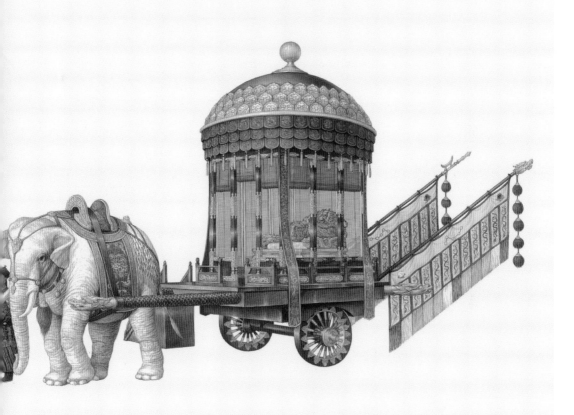

圖10-19　清代玉輅綜合復原圖

拾壹・隋唐以降的馬具與馬飾

自魏晉時期出現了高鞍橋的馬鞍和馬鐙之後，鞍具全副部件都已齊全。南北朝時期個別器具經過實踐後又做了不少改進，一套較為完備的鞍具至此基本上被確定下來。

　　以馬鞍為例，湖北武昌馬房山與河南安陽隋墓出土的兩件鞍馬陶俑，以其十分寫實的雕塑手法反映出隋代的馬鞍與南北朝的馬鞍基本上是相同的（圖11-1）。湖北武昌馬房山和河南安陽的鞍馬俑雖然都沒有塑出馬鐙，但山東嘉祥莫山隋徐敏行墓壁畫《備騎圖》中很清楚地畫出了馬鐙形象，其吊掛的位置與北朝俑的也完全相同（參見圖8-10）。障泥的變化較為明顯，不僅改短，而且分為方、圓好幾種式樣。墊在馬鞍和障泥之下的鞍韉則變得比過去大了許多，有的甚至超過了障泥。固定鞍的胸帶與帶上的纓飾仍舊，鞦帶則有同於胸帶的，也有同於魏晉時期的網狀帶的，網狀帶上原先

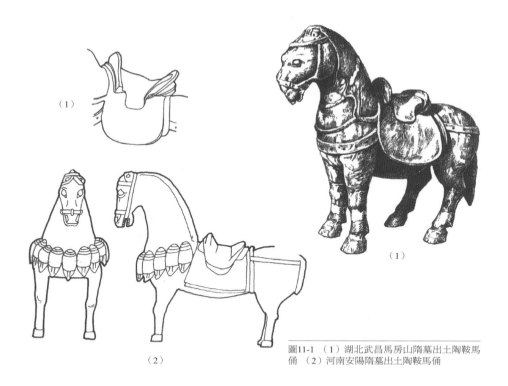

（1）

（2）

（1）

圖11-1　（1）湖北武昌馬房山隋墓出土陶鞍馬俑　（2）河南安陽隋墓出土陶鞍馬俑

安裝纓飾座的部位，隋代時改為有蓮座的寶珠裝飾（圖11-2）。馬頸上的頸披與覆鞍的鞍帕照常使用，但鞍帕變短了。馬鞴也沒有變化，只有馬鑣的形象沒有發現。

唐代的鞍具有很多實物。1970年在烏魯木齊鹽湖南山的2號唐墓中發掘出一套完整的馬具。[82] 馬鞍是用四塊木板榫卯拼合成的，鞍面拼合處還用皮條繫結，鞍的後翼板上有五個鞘孔，上面殘存有穿繫的革帶。這件馬鞍與日本奈良手向山神社收藏的國寶「唐鞍」很相似，後翼板垂飾五根皮帶與陝西昭陵石刻《特勤驃》上的馬鞍形象也完全一致（圖11-3）。鞍後垂飾皮條在唐以後的各朝都一直流行着，它除了裝飾外當然還有實用價值，如打獵時可以捆吊獲得的獵物，或鞍具的某處革帶突然崩斷可作修補更換之用。

烏魯木齊鹽湖南山2號墓還出土了兩件鐵馬鐙，雖都已鏽蝕損壞，但仍能看出其原先的形象，與北燕馮素弗墓的馬鐙相比，唐代馬鐙的柄縮短了而鐙環擴大了，鐙環踩腳

（1）

（2）

圖11-2 （1）山東嘉祥莫山隋徐敏行墓壁畫《備騎圖》（2）湖北武漢隋墓出土陶鞍馬俑

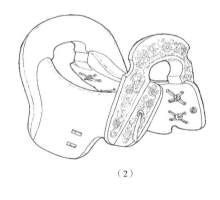

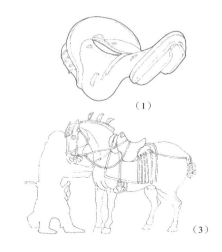

圖11-3 （1）新疆烏魯木齊鹽湖南山的2號古墓
出土唐木馬鞍 （2）日本奈良手向山神社收藏
的「唐鞍」（3）陝西昭陵石刻《特勤驃》

的底面也開始加寬了。

　　馬鐙的實物還在江西臨川公主墓、陝西藍田唐代土坑、北宋豐臺古墓（疑為史思明墓）中也都出土過。

　　江西臨川公主墓的馬鐙和烏魯木齊鹽湖南山2號墓的兩件殘缺的馬鐙比較接近，陝西藍田的鐙環呈長方形，而北京豐臺古墓的鐙踩腳踏板不僅很寬，中間還鏤空出十字紋飾，造型已開始向提籃式馬鐙發展（圖11-4）。

　　新疆烏魯木齊鹽湖南山2號墓出土的馬轡飾品、銜、鑣均鎏金，完全可以據此復原，馬絡頭是用寬約4厘米的皮帶卷成雙層後，外表密釘菱形銅飾製成的，皮帶的交叉處由三叉形銅飾聯繫。馬鑣為「S」形，很纖細。穿過馬銜外的大環與絡頭相接，轡繩也繫在大環上。固定鞍的胸帶、鞦帶都是用與絡頭同樣寬的革帶和相同的方法製成的，外表釘的飾件除了菱形、三叉形外還有桃形（圖11-5），用這套實物復原出來的馬鞍具能使我們一睹唐代鞍具的真容（圖11-6）。

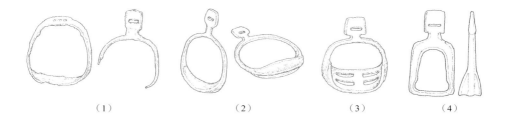

（1）　　　　　　　　　　　　　（2）　　　　　　　　　　　（3）　　　　　　　　（4）

圖11-4　（1）新疆烏魯木齊鹽湖南山2號古墓出土鐵馬鐙　（2）江西臨川公主墓出土銅馬鐙　（3）北京豐臺古墓出土嵌金鐵馬鐙　（4）陝西藍田唐代土坑出土裹銀鐵馬鐙

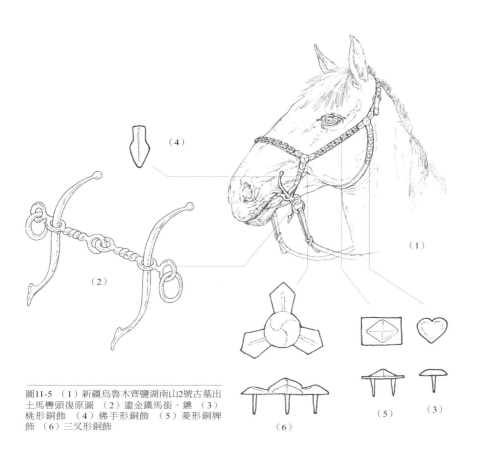

圖11-5　（1）新疆烏魯木齊鹽湖南山2號古墓出土馬轡頭復原圖　（2）鎏金鐵馬銜、鑣　（3）桃形銅飾　（4）佛手形銅飾　（5）菱形銅牌飾　（6）三叉形銅飾

圖11-6 唐代馬鞍具綜合復原圖

唐代的「S」形馬鑣還可以從名畫《虢國夫人遊春圖》、《牧馬圖》等作品中見到。江西臨川公主墓和陝西藍田唐代土坑也出土過不少實物，這種馬鑣比烏魯木齊鹽湖南山古墓出土的要寬些，公主墓的鑣正面中間有凸出的圓鼻，可以穿繫絡頭的頰帶，背面有一雙小環，可以穿掛在銜環上並能繫結彎繩，陝西藍田出土的鑣與銜相套連不能脫卸（圖11-7）。

唐代鞍具的裝飾看上去雖不很耀眼，但卻很精緻，烏魯木齊鹽湖南山古墓出土的彎頭就是例證。

馬彎頭上的各種帶一般都很細，鑣與帶上的飾件也很小巧，木質馬鞍的表面髹漆後都要畫上繁密的寶相花等紋飾（新疆阿斯塔那出土的彩繪鞍馬俑就是如此），掛於馬鞍下的障泥多為橢圓形，不是用貴重的織錦，就是用虎、豹等動物毛皮製成。墊於鞍下的鞍韉很長，有方、圓多種，其面積相當於南北朝的障泥（圖11-8）。胸帶、鞦帶上除了纓絡外還垂掛如魏晉時期一般的杏葉飾件，這種飾件的實物在陝西西安永泰公主墓出土過，中國民間及日本正倉院也有一些藏品，或銀質、或銅鎏金，式樣繁多、造型華美。

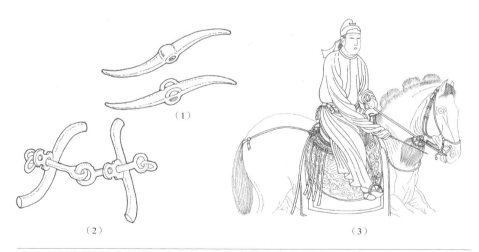

（1）

（2）　　　　　　　　　　　　　　　　　　（3）

圖11-7 （1）江西臨川公主墓出土的銅馬鑣 （2）陝西藍田唐代土坑出土的裹銀鐵馬銜、鑣 （3）《虢國夫人遊春圖》中的馬鑣形象

圖11-8　泥塑彩繪鞍馬俑（新疆吐魯番阿斯塔那出土）

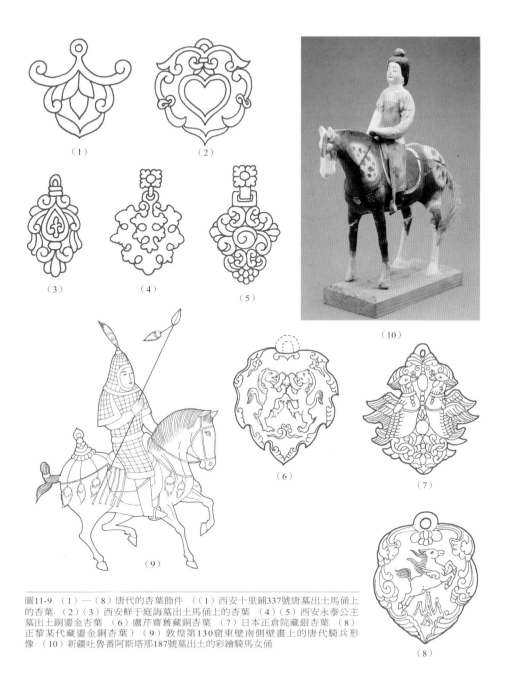

圖11-9 （1）—（8）唐代的杏葉飾件 （（1）西安十里鋪337號唐墓出土馬俑上的杏葉 （2）（3）西安鮮于庭誨墓出土馬俑上的杏葉 （4）（5）西安永泰公主墓出土銅鎏金杏葉 （6）盧芹齋舊藏銅杏葉 （7）日本正倉院藏銀杏葉 （8）正黎某代藏鎏金銅杏葉） （9）敦煌第130窟東壁南側壁畫上的唐代騎兵形像 （10）新疆吐魯番阿斯塔那187號墓出土的彩繪騎馬女俑

其中不乏優秀的工藝美術品（圖11-9）。銀杏葉唐代又稱為「銀花」，它的出現與流行曾受到當時波斯薩桑王朝的影響，是從域外流傳進來的東西。[82] [83] 在網狀韃帶上，仍有像隋代一樣飾寶珠和周圍有火焰紋的火珠的習慣。

除了馬具的裝飾外，唐代還重視馬本身的修飾，馬尾仍按先秦以來的習慣將其縛結起來，馬鬃也都剪短，修剪時還特意留出三絡長鬃，或將其修剪成三個連續的半圓，當時稱為「三花」，岑參的詩句「紫髯胡雛金剪刀，平明剪出三鬃高」，即指此。

馬鬃上剪出鬃花並不始於唐代，秦始皇兵馬俑的戰馬俑中就有剪成一花的，漢代也常剪雙花，但這種風氣在當時都不普遍，而唐代的三花卻很普遍，甚至周邊的一些少數民族也爭相仿效（圖11-10，參見圖11-3（3）、圖11-7（2）。

唐末五代時期，馬具又出現了一些新的變化。馬鑣被馬銜上的大環取而代之，人們頗

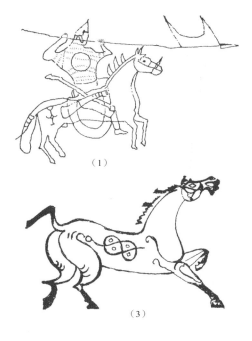

（1）

（3）

（2）

圖11-10 （1）西伯利亞米努辛斯克附近的突厥岩畫 （2）（3）漢代空心磚上的雙花馬鬃形象

喜愛用大朵的紅纓來裝飾，馬轡頭與胸帶、鞦帶、鞍橋的頂面鑲有金包邊。鞍韀又重新變得狹短，障泥的外形則變化多端，或似南北朝的梯形，或呈橢圓形，甚至有的像梨形，障泥的材料仍以皮毛和織錦為主。河北曲陽出土的馬鐙實物為鐵芯外包銀的，鐵環的形狀像銅鐘，踏腳處較寬闊，從剖面看呈中間微鼓的圓坡形。鞦帶已基本摒棄了網絡樣式，如胸帶一樣都為一條了，在接近馬尾處習慣垂下一段做為裝飾，橫直帶交叉處釘有金屬飾件（圖11-11）。

宋代馬具各部分的結構與裝飾都保持了唐末五代以來的形制和風格，沒有明顯的不

（1）

（2）

（3）

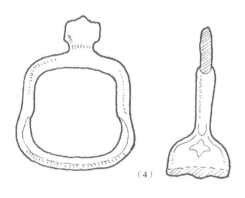

（4）

圖11-11 （1）宋陳居中作《文姬歸漢圖》（局部）（2）五代李贊華作《射騎圖》（3）五代胡瓌作《回獵圖》（局部）（4）河北曲陽五代墓出土的包銀鐵馬鐙

同，而當時北方遼朝的馬具卻頗具特色。

契丹人生活在草原上，從小就熟習騎射，婦孺皆能乘騎，馬對於他們來說是不可或缺的伴侶，因此契丹人對馬具也就非常重視。可以通過實物、繪畫、墓室壁畫三者相結合進行對照、比較來了解遼代馬具。

在遼代的墓室壁畫中，鞍馬是最常見的題材，並且都安排在最主要的部位，有些墓，如內蒙古赤峰市的耶律羽之墓和內蒙古昭烏達盟敖漢旗的沙子溝、大橫溝遼墓，壁畫之外還隨葬有大量精美的鎏金馬飾和用具，[84] 有些實物與同墓壁畫上的形象還能對合起來。

從內蒙古哲里木盟遼陳國公主墓出土的木鞍可以看出，遼代馬鞍的鞍架和後鞍橋頗高，但後鞍橋向後傾倒的角度也較大，其外形與現代彝族仍在使用的木鞍很相似。鞍可能以髹漆繪彩或蒙覆皮革為主，考究的在前後鞍橋的外側鑲包有飾片，但鞍橋飾片在出土實物中很少發現，可能屬於契丹貴族的用品。鞍的後翼上像唐代一樣也繫有幾條裝飾性皮帶，鞍韉很寬但並不長，障泥很大以圓形為主，有的在馬鐙處還另掛或鑲綴一塊鐘形的皮革襯墊（圖11-12）。

馬鐙的形制大部分與唐代相同，少數的鐙環底部變成平面的踏腳板，多與五代的實物一樣寬而微拱。

馬銜與馬鑣都相連在一起，鑣體呈「S」形，中間一段平直，朝上的一頭有時有枝杈，剖面為圓柱形。在馬轡與胸帶、鞦帶上像唐代一樣釘有飾件，飾件雖小，面上卻都鑄有精緻的卷草、纏枝等紋樣，有幾件節約在寬不足兩厘米，長不足7厘米的表面鑄有五匹騰飛的翼馬。

胸帶、鞦帶下（有時還在障泥下緣）也垂掛有杏葉飾片或鈴，鈴的形象大部分與現代的完全一樣，少數成五邊形或菱形，從正面看像一口小銅鐘，鐘舌下還垂吊了花飾片。杏葉的外形像雞心，有素面的也有鏨刻獅、鳳紋的，做工很精緻。鞦帶上與鞍後翼上垂掛的裝飾皮帶上都嵌套有帶銙和鉈尾，這些帶銙、鉈尾上也都鑄有花紋（圖11-13、圖11-14、圖11-15）。

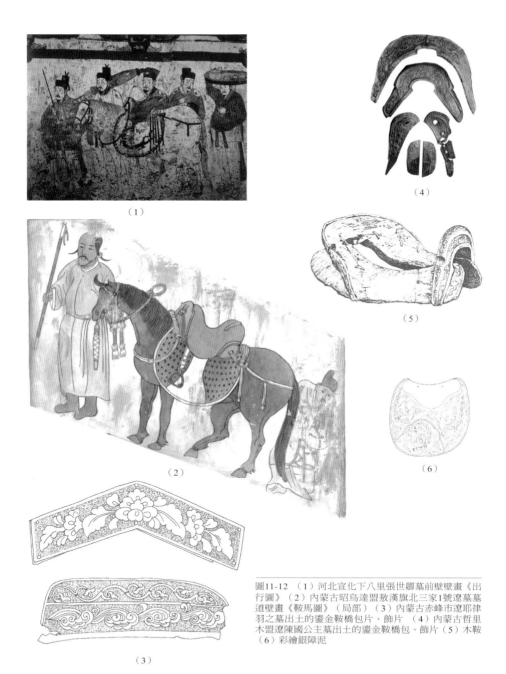

圖11-12 （1）河北宣化下八里張世卿墓前壁壁畫《出行圖》（2）內蒙古昭烏達盟敖漢旗北三家1號遼墓墓道壁畫《鞍馬圖》（局部）（3）內蒙古赤峰市遼耶律羽之墓出土的鎏金鞍橋包片、飾片（4）內蒙古哲里木盟遼陳國公主墓出土的鎏金鞍橋包、飾片（5）木鞍（6）彩繪銀障泥

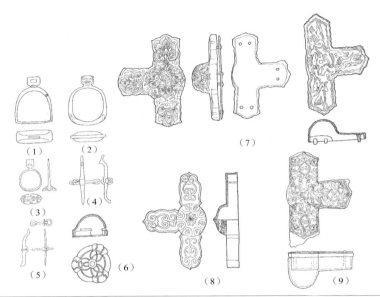

圖11-13 （1）鐵馬鐙（吉林雙遼縣高力戈遼墓出土）（2）鎏金銅馬鐙（遼寧義縣清河門出土）（3）鐵馬鐙（內蒙古昭烏達盟敖漢旗沙子溝1號遼墓出土）（4）、（5）鐵銜、鑣（內蒙古昭烏達盟敖漢旗沙子溝1號、大橫溝1號遼墓出土）（6）—（9）鎏金節約（（6）、（9）內蒙古赤峰市耶律羽之墓出土 （7）內蒙古昭烏達盟敖漢旗沙子溝1號遼墓出土 （8）遼寧康平縣後劉東屯遼墓出土）

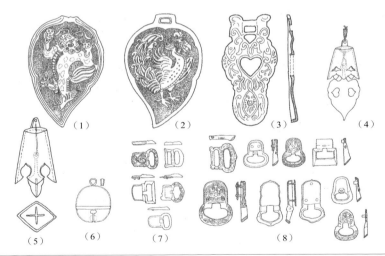

圖11-14 （1）（2）鎏金銅杏葉垂飾 （3）葫蘆形鎏金銅垂飾 （4）（5）（6）鎏金銅鈴 （7）（8）各式鎏金銅帶扣（（1）（2）（4）—（7）內蒙古赤峰市耶律羽之墓出土 （3）（8）內蒙古敖漢旗、大橫溝遼墓出土）

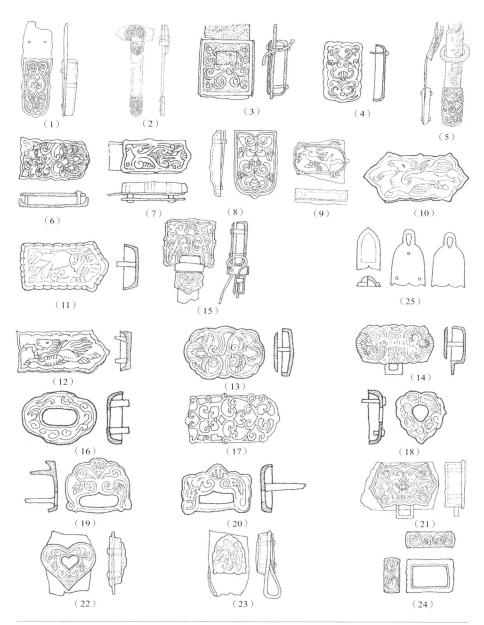

圖11-15 （1）（6）（7）（8）（9）鎏金銅鉈尾（（1）（8）（9）內蒙古赤峰市耶律羽之墓出土（6）（7）內蒙古敖漢旗沙子溝1號遼墓出土）（2）鞴帶上的垂飾帶與鎏金銅飾實物（內蒙古敖漢旗出土）（10）—（23）鎏金銅帶飾（（10）—（16）（18）（19）（20）內蒙古敖漢旗出土 （17）（21）（22）（23）內蒙古赤峰市耶律羽之墓出土）（24）鎏金銅帶箍（內蒙古赤峰市耶律羽之墓出土）（25）鎏金銅轡飾（遼寧康平縣後劉東屯遼墓出土）

馬鬃從五代時起已不再流行剪短，任其長長披覆於馬項上，但喜歡像東漢時那樣把額上的一撮紮成小辮，有時還與繫結的馬尾一起插上一根翎毛，並在轡頭的顴帶下垂掛一朵碩大的紅纓作裝飾（圖11-16）。

　　馬具上的飾品與鑣等除了用玉制外，金屬製品一般都是鎏金，黑帶、紅纓、金飾品，看上去如魏晉時期的馬具同樣耀眼奪目（圖11-17）。

　　金代的馬具資料較為稀少。山東高唐的虞寅墓，山西侯馬的董明墓和聞喜的寺底墓的壁畫、磚雕上出現了一些形象。鞍具與裝飾看上去都和遼代的大同小異。銅、鐵馬鐙在吉林郊區出土了好幾件，其外形與內蒙古敖漢旗沙子溝、遼寧義縣等地遼墓所出的銅鐙也基本相同，只有鐙柄上可以旋轉的吊帶環是一種新的設計，在以前的實物中還沒有出現過（圖11-18）。

　　金是歷史上最後使用甲騎的朝代。重甲騎兵自南北朝達到鼎盛期後，隋初仍受到重視，至隋末已開始衰落，唐軍作戰的主力部隊都是輕騎軍團，很少使用甲騎。甲騎被淘

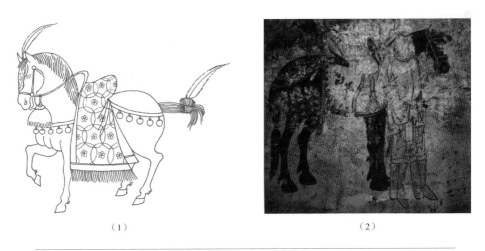

（1）　　　　　　　　　　　　　　　（2）

圖11-16　（1）內蒙古庫倫旗2號遼墓墓道壁畫《馭者引馬圖》（2）遼寧二八地1號遼墓壁畫《鞍馬圖》

圖11-17 遼代馬鞍具綜合復原圖

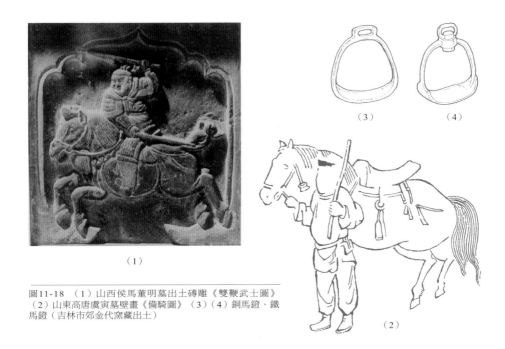

圖11-18 （1）山西侯馬董明墓出土磚雕《雙鞭武士圖》
（2）山東高唐虞寅墓壁畫《備騎圖》（3）（4）銅馬鐙、鐵
馬鐙（吉林市郊金代窖藏出土）

汰的原因可能很多，但鋼鐵武器的大量運用，其鋒利使鐵甲難以抵擋防護，以甲騎作戰
的效果已不理想，這些應該說是甲騎衰弱被淘汰的最主要的原因。唐朝建立後，把重甲
騎兵變成了儀仗兵。

　　從為數不多的資料中可以看出，隋至唐初的具裝其整體樣式仍保持南北朝的形制，
初唐的寄生變得像一只花瓶，其中似還能插羽毛之類的飾品，《南齊書・東昏侯紀》中
記載：有羽飾寄生，「馬被銀蓮葉具裝鎧，雜羽孔翠寄生」。甲騎成為儀仗用具後，寄
生便去掉了（圖11-19）。

　　唐代中期至北宋初，具裝雖然很少再使用，但仍然屬於軍事裝備之一，所以北宋
的官書《武經總要》也還將它收錄其中，並附有插圖，圖中對具裝的各部件都作了新
的定名，馬冑被稱為「面簾」，護項改稱「雞項」，身甲、搭後的名稱不變，但身甲

（1）　　　　　　　（2）　　　　　　　　　　（3）

圖11-19　甲馬騎俑　（1）山西太原隋斛律徹墓出土　（2）四川萬縣唐墓出土　（3）陝西乾縣懿德太子墓出土

已不包括護胸甲，而專門增加了一塊「蕩胸」甲用於保護馬胸，同時去掉了覆於搭後上的臀甲。

　　北宋的具裝在今天還能找到實物範本。1999年《文物》雜誌第8期上介紹了福建雲霄的陳政墓前兩件南宋時期的石雕馬，[85] 其中有一件就是全身披掛的具裝馬（圖11-20），這件精雕細鑿的石馬具裝形象與《武經總要》上的插圖十分相似，稱得上是平面插圖的立體再現。《武經總要》與福建雲霄石刻馬上的面簾與日本奈良手向山神社收藏的與唐鞍配套的銀面簾外形頗相似，楊泓先生認為它們都是宋代實物，[86] 這就更能證明唐宋的鞍具形制的確相差無幾（圖11-21）。

　　金代的具裝雖然見於文字記載，但實物及形象資料極少，只在《中興禎應圖》中出現過一個極簡潔的圖像，不能起到參考作用，金代之後，具裝便再未出現過。

　　元代的馬具在內蒙古成吉思汗陵出土過好幾套，主要是鞍具，保存都很好。馬鐙與

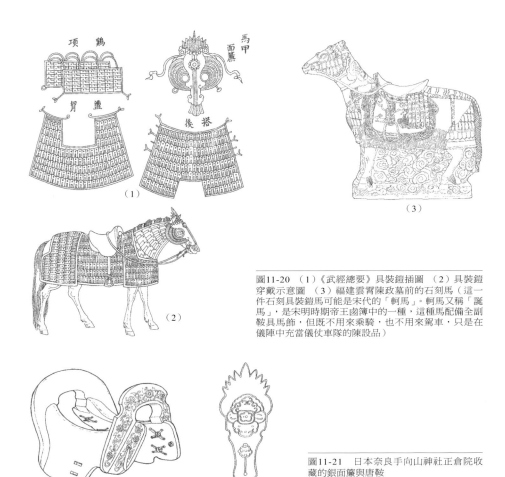

圖11-20 （1）《武經總要》具裝鎧插圖 （2）具裝鎧穿戴示意圖 （3）福建雲霄陳政墓前的石刻馬（這一件石刻具裝鎧馬可能是宋代的「軑馬」。軑馬又稱「誕馬」，是宋明時期帝王鹵簿中的一種，這種馬配備全副鞍具馬飾，但既不用來乘騎，也不用來駕車，只是在儀陣中充當儀仗車隊的陳設品）

圖11-21 日本奈良手向山神社正倉院收藏的銀面簾與唐鞍

鞍上的飾件均用銅鑄並鎏金，工藝異常精巧。在新疆烏魯木齊南郊鹽湖的1號古墓中也出土了一具木鞍，這件元代木鞍的結構與同處出土的唐鞍一樣，都是用四塊木板榫卯成的，合縫處都用皮繩加固。成吉思汗陵的鞍與鹽湖的鞍外形稍有不同，前者與鹽湖南山2號墓的唐鞍很相似，後者的鞍面頗像魏晉的馬鞍，寬闊平直，唯前鞍橋高大，中間突起呈「凸」字形，後鞍橋低矮且傾斜度很大（圖11-22）。鞍橋的外側也鑲釘飾片。內

蒙古錫林郭勒盟鑲黃旗烏蘭溝曾出土了一套黃金鞍飾片，其外形似適用於鹽湖出土的元代鞍，飾片共分六件，可以鑲包前後鞍橋和前後翼板，與成吉思汗陵的鞍恰好一致。六件飾片的總重量達435.7克，[87] 鞍飾片表面打出秀麗工整的凸凹紋飾（圖11-23）。

元代鞍面上一般用皮革蒙覆，蒙覆的皮革有時在兩側呈斧形下垂一段蓋於障泥之上，障泥呈前角突伸的橢圓形掛於鞍橋下。鞍韉是一塊方墊，寬而短。鞍前為一條胸帶，胸帶上掛有纓飾，鞍後有兩根鞦帶，一根吊束住馬尾，另一根圍於馬臀後，在馬的大腿處也像宋遼時一樣垂一根飾帶。馬轡頭上的鑣仍是圓環，在轡頭的頰帶，有時還在鼻帶上垂掛有大朵的纓飾。轡頭帶和胸帶、鞦帶上已不再流行釘飾件，但這些帶本身有

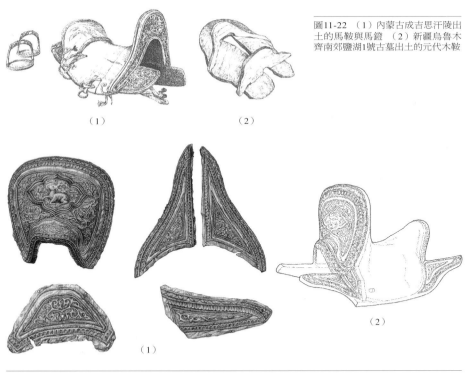

圖11-22　（1）內蒙古成吉思汗陵出土的馬鞍與馬鐙　（2）新疆烏魯木齊南郊鹽湖1號古墓出土的元代木鞍

（1）　　　　　　　　　　（2）

（1）　　　　　　　　　　　　　　　（2）

圖11-23　（1）內蒙古錫林郭勒盟鑲黃旗烏蘭溝出土金馬鞍飾片　（2）金馬鞍飾片裝配示意圖

時就是用華麗的織錦製成的。馬鐙的鐙環較大，踏腳處平而寬闊，高級的鐙環上還鑄有花紋。全套鞍具的裝置方法在陝西戶縣賀氏墓出土的彩繪白陶鞍馬俑上表現得很清楚，有關元世祖的繪畫作品也可以做一參考（圖11-24、圖11-25）。

明代的馬具與元代大同小異，開封市喻浩墓前的石刻鞍馬較有代表性，這件石馬，鞍的形象可能並不準確，但鞍具上的各種飾件、繩帶的繫結方法及鞍具的結構層次雕刻得很精細（圖11-26）。

明代鞍具中較有特徵的是鞍韂與障泥的配置。明代之前，無論鞍韂大小總是與障泥上下重疊，至明代卻把鞍韂襯在障泥的後部，長度超出其下，一圓一方以兩種不同色彩

（1）

（2）

（3）

圖11-24　（1）陝西戶縣賀氏墓出土彩繪白陶鞍馬俑
（2）、（3）元劉貫道作《元世祖出獵圖》（局部）

圖11-25　元代馬鞍具綜合復原圖

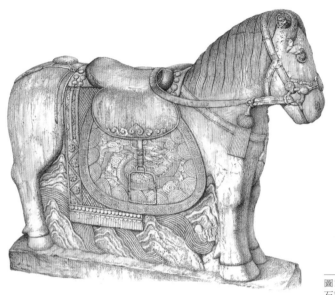

圖11-26　開封市喻浩墓墓道旁的
石刻鞍馬（據實物寫生）

的織物搭配。前鞍橋也不再是一貫的拱形，而是中間開了一個豁口，這一點在石刻上表現得還不很清楚，但在山西右玉寶寧寺明代水陸畫（在寺院內舉行佛教儀式——水陸道場時懸掛的一種宗教畫）上描繪得極清晰。鞦帶則取用了元代鞦帶中上面一根的繫束方法，而把下面一根省略掉了，並像魏晉時一樣，在臀部上飾了一朵紅纓。馬絡頭在頰帶與鼻帶之間新增了一條斜攀的小帶，彎繩、鼻帶、胸帶上也綴掛紅纓，帝王貴臣的馬彎繩、胸帶、鞦帶上還釘有少量的金、銀飾件（圖11-27、圖11-28）。

　　清代的鞍具在全國各地有很多實物藏品，其鞍、鐙的形制完全與成吉思汗陵的相同。鞍橋上也鑲金嵌銀，做工極為精巧。清代的障泥把明代的鞍韂與障泥的組合形象並為一體，做得又寬又長，乾隆皇帝的《大閱鎧甲騎馬像》上將其描繪得很明晰。除了圖中的形象外，還有長方形和圓形的，製作的材料或織錦、氈毯，或熊、虎皮毛，周邊都縫有寬闊的包邊，也不再分兩片掛於鞍下，而是像鞍韂一樣披在馬背上。乾隆的《大閱

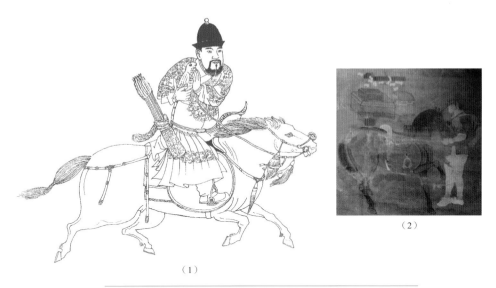

（2）

（1）

圖11-27　（1）明佚名作品《宣宗馬上像》（2）山西右玉寶寧寺明代水陸畫

鎧甲騎馬像》上馬轡與鞦帶上還鑲了寶石和玉飾器，這是皇帝的大禮坐騎，裝扮當然格外華貴，一般大臣武將就要實用一些，平民百姓那就更簡陋、樸素了。

　　總之，明清兩代的馬鞍具在裝飾上要遜色於唐宋時代（圖11-29）。

　　馬成為人親密的朋友的歷史源遠流長，直至今天，在廣闊的草原和崇山峻嶺上牠與人依然形影不離。那裏的人們總是以擁有一匹駿馬為榮耀，每年他們為馬舉行各種大型的競賽活動。這一天，既是馬的節日，也是人的節日，人們不僅自己穿起節日的盛裝，而且竭盡所能盛飾自己的坐騎，藉以表達對馬的重視、鍾愛之情。其中最突出的是藏族、哈薩克族和蒙古族（圖11-30），從他們的馬具馬飾中，我們彷彿又重新見到了古代武士的雄姿。

圖11-28　明代馬鞍具復原圖

圖11-29 （1）清郎世寧為乾隆皇帝作《大閱鎧甲騎馬像》（2）鎏金銅馬鐙（1966年自民間徵集，陝西省歷史博物館藏）

（1）

圖11-30 （1）藏族賽馬會上身穿騎士裝的賽手

圖11-30 （2）哈薩克族的現代鞍具馬飾

附 錄 · 歷代出土車輿尺寸統計表

〔注：(1)圖表中的空指尺寸沒有測量出來。(2)「?」表明遺跡遭到破壞，測量的尺寸有疑問。(3)圖表中標注的尺寸均為厘米〕

表一：殷墟出土車尺寸概況統計表

編號	出土地點	輪徑	輻數	軌寬	輪牙(輞)高	輪牙(輞)厚	輿(箱)廣	輿(箱)進深	輿(箱)高	輈長	輈徑	軸長	軸徑	衡長	殉馬數	殉人數	隨葬武器及工具
20	小屯宮殿區									265	5.1-7.6-6.7	290	5.5-7.3	170	4	3	石戈、銅鏃、石鏃、銅鏃、弓形器、獸頭刀、礦石、玉筴柄
40	小屯宮殿區			225						255	10	290		210	2	3	銅刀、銅鏃、弓形器、骨鏃、骨錐、礦石
202	小屯宮殿區														2	3	礦石
1	孝民屯南地	122		240	8	8	134	83	40(?)	268	5-6×7-8	310	5-8		2	1	
2	孝民屯南地	122	26				100		41	260(?)	6-7×5-9				2		
175	大司空村	146	18	227	6	6	94	75		280	11	300	4.1-7	120(?)	2	1	弓形器
43	白家墳西北地	134-147	18	223	6	4	137	73	22(?)	292	10	309	9.5-10		2		石戈、銅釿、弓形器、銅鏃、骨鏃、銅刀、銅鈴、石鑣
151	白家墳西北地	139	18		7.5	6											銅戈、弓形器、矢箙(內銅錘)、銅錘、刀、鑿、筴柄
698	孝民屯東南地	140-156	18	240	5	4-5	129-133	74	45	256	9-15	298	10		2	1	
7	孝民屯南地	133-144	22	217	10	7.5	150	107	45	256	12-13	3.06	13-15	110	2	1	
1613	孝民屯南地	126-145	18	224	8	5	142-161、161-146	94-103	38-42、45-46	290	12-13	294	10	113	2		
52	郭家莊西南	134-150	18	230	8	6	160	72	14(?)	261-268	12×12	308	10-11-12	216-235	2	2	
27	西安老牛坡	140	16(?)	225			134-146、128-144	82-94、70-75	16(?)、43-44	240	7	315	7		2		
M40 / M41	梅園莊東南	137-145 / 139-142	18 / 18	240 / 217	6 / 7	6 / 6				265	8-12	310 / 305	8 / 9-10	114 / 153	2 / 2	2 / 1	石錘、銅弓形器、銅鑿、刀、銅錛、鑿、錘、銅鏃、銅戈
4	山東滕州前掌大	157-161	22	232	8	4-5	117-134	102	34(?)	274	7	309	9	133	2	2	銅弓形器、骨鏃、銅鏃、銅戈

表二：西周出土車尺寸概況統計表

編號	出土地點	輪徑	輻數	軌寬	輪牙(高)	輪牙(厚)	輿(廣)	輿(進深)	輿(高)	軸(長)	軸(徑)	輈(長)	輈(徑)	衡長	殉馬數	殉人數	隨葬武器及銅飾器具
151	洛陽東郊下瑤村	130-140	18-24				120	96	6(?)	320	12	90(?)	8-10				銅鏃、銅鈴
167	長安張家坡一號車馬坑	129	22		4.4		107	86	25	281	6.5	292		240	2	1	
168	長安張家坡二號車馬坑1號車	136	21	225	6.5		138	68	45	298		307		137	4	1	
168	長安張家坡二號車馬坑2號車	135	21		5.6		135	70	20	295	7	294	7.8	110	1		
185	長安張家坡三號車馬坑	140	22		6.5		125	80	44						2	1	
IIM202	北京琉璃河	140	24		6	5	160	80		250(?)	8	290	5-8				
IM521	北京琉璃河	140	24	244	7	7	150	90		260	14	308	8		4	1	
	山東膠縣西庵	140	18	224	10	9	164	97	29(?)	284	8	304		138	4	1	銅甲、戈、石磬、鈎戟、鏃
BRCH₃	寶雞茹家莊三號車馬坑3號車	120	20	200	8	7	101	60	25	270	5-6-7	275	6-8	105			
BRCH₃	寶雞茹家莊三號車馬坑2號車	120	20	210	9	7-6	130	70	30	260	4.5-6-7	270	5.5-8	110	6		
BRCH₃	寶雞茹家莊三號車馬坑1號車	120	20	200	8	5-6	115	70	17軾42	265	4.5-5-7	260	5-8	116			
1	洛陽中州路	110	20		8.5		115	70	22(?)	170(?)	11	305(?)	9	122(?)	2		銅戈
4	洛陽中州路	144	22-24	220	9		132	85	37(?)	291	6.5-11	317	8-8.5	202	2		銅戈
C3M230	洛陽林校學校	120-135	20	220	4-4.5	5	150	50		184(?)	4-8	315	5		4		銅戈、銅鏃、銅戟、銅劍

表三：河南三門峽虢國墓車馬坑出土各車尺寸統計表

車馬坑編號	車號	軌寬	軸長	軸徑	輪徑	輻數	輪牙高	輪牙厚	辀長	辀徑	衡長	衡徑	輿廣	輿進深	輿高	軹高	軹徑	轂寬
M2001CHMK1	CH1	172	225	8	102-138	22	8	5.5	290(?)	9	88(?)	55	120	98			3	
	CH2	180	248	8	106-146	26	7	5	300	8	120	6	120	96	20(?)			
	CH3	174	240	8	114-133	24	6	5	80(?)	7			106	88(?)	38			
	CH7	184	250	5-8	102-138	28	6	5.5	290(?)	6-8	72(?)	5	130	70-88	22(?)			26
	CH8	180	254	5-8	110-140	28	6	5	220(?)	6-8	56(?)	6	37(?)	96	10-20(?)			
M2012CHMK2	CH1	174	250	8	120-134	24	7	6	120(?)	6-8	120	6	36(?)	94	46			
	CH6	166	232	8	118-140	22	7	5		7			100	40(?)	38		3	
	CH8	184	256	8	120-136	25	7	5	300	8	90(?)	5	108	82	20(?)		4	
	CH11	194	246	8	106?	24	7	5	290(?)	7-8	104	5	112	90	16(?)	76	4	30
	CH12	196	256	8	124		7	5									4	
	CH15	192	236(?)	7-8	118-136	20	7	5	324	6-8	88(?)	4.5	104	140	25	66	3.5	28

表四：河南上村嶺虢國車馬坑出土各車尺寸統計表

坑號	車號	軌寬	軸長	軸徑	輪徑	輻數	輪牙高	輪牙厚	辀長	辀徑	衡長	衡徑	輿廣	輿進深	輿高	軹高	軹徑	轂寬
1727	1	155+	155+	6	133	25	6	6	300	6-7.8			120	90	32			36
	2	180	236	6.5	125	28	6	6	296	5.5-7.8	140	3.8	123	90	33	55	35	33
	4	169+	227	6.3	122	26	6	6	292+	5.5-7.8	140	5	125	82	34	54	3	35
	5	190	226+	7	126	34	6	6	300	6-9	220	4	104+	90	30	50	3.6	40
1051	1	166	200	6	124	25	6	6	300	6-8	100	5	100	100				
	2	166	178+	6			6	6		6		6	130	100				
	3	170	205	5	133	25	6	6		7			106					
	4	174	222		130	25	6	6					107					
	6	175		5	215	247	7	140	25				6	6				

表五：山西上馬墓地車馬坑出土各車尺寸統計表

坑號	車號	軌寬	輪徑	輻數	輪牙·高	輪牙·厚	軸·長	軸·徑	輈·長	輈·徑	衡·長	衡·徑	輿·廣	輿·進深	輿·高	轂·長	轂·徑
1	1	183	145	35	6	5	275	6	360	6	120	5.5	112-118	100	44		11-22
1	2	164	132	32	67	6	244	6-8	340	6-8	124	5	114	104	38		10-20
1	3	176	133	32	76	6	270	5	250(?)	8			115-119	103	40		7.5-20
2	1	206	140		8	7	260	6-8		6-8	146	5	100-106	100	22(?)	52	8-22
2	2	208	137-140		8	6	260	4-8	90(?)	7-8			100	93	20	60	7-22
2	3	200	137		8	6	277	4-7	130(?)	7.5			132	110		46	7.5-22
2	4	208	140		8	6	240	4-7		7.5			126	90		47	9-22
2	5	200	140		10	7	250	4-7					106	98		42	8-22
3	1	176	134	29	8	7	252	4.5-8	320	7-8	104	2.5-4	110-117	83	30	64	8-20
3	2	188	138	29	8	6	258	4.5-8	314	6-8	112	2-5	82-120	95	30	54	8-20
3	3	176	134	29	8	7	240	4-8	275	7-8	124	3-5.5	100-106	95	22	56	8-20

表六：山西太原金勝村晉國趙卿墓陪葬車馬坑車輛尺寸統計表

車號	軌寬	輪徑	輻數	輪牙·高	輪牙·厚	軸·長	軸·徑	輈·長	輈·徑	輿·廣	輿·進深	輿·高	軾·高	軾·徑	軫·高	轖·寬	車轂·長	車轂·賢徑	車轂·軹徑	車轂·中徑	轂飾
1	190	115	30	4·5	4.5	256	9			136	120	52	48	5	32	7	40	13	10	20	5
2	200	105	30	7	4.5	260	9			127	124	43	45	4	28	15	45	13	9	19	8
3	200	134	26	7	5	275	10.5			142	117	64	62	4	48	42	47	12	10	20	12
4	196	108	30	8.2	5	250	9			118	125	53	53	4	24	11	39	13	9	19	1
5	193	128	28	5	5	263	8			120	100	50	51	4			40	12	8	19	2
6	182	130	26	5	4.5	252	8+			114	114	50	50	4	30	16	44	13	8	20	5
7	192	116	26	5	4.5	251	8			115	120	52	55	4	29	20	44	12	9	18	8
8	186	130	26	6	4.5	257	10			136	114	65	65	5	44	42	47	12	9	18	8
9	188	134	32	7	4	258	10	328+		120	97+	55	55	4	28	16	50	12	6	19	
10	195	123	28	7	4	268	10			120(?)	100+	15+	50+								6
11	190	125(?)	28	7.5	4	250+	8(?)		55	154	30+	63	63	55	42	47	50		8	19	
12	190	134(?)	26+	7	4	285	8	320+		146	106+		15+								
13		125-135	26+					40+									58	13	6	20	
14							8														
15							9	130+													

表七：河南輝縣琉璃閣131號車馬坑出土主要車輛尺寸統計表

車號	輪徑	軌寬	輻數	輪牙高	輪牙厚	輿廣	進深	高	軸長	軸徑	輈長	輈徑	衡長	衡徑	軎長	軎徑
1	140	190	26	8	5.5	130	104	36	170+	8	242(?)	10-12	170	3	38	22
5	95	140	26	6.5	4.8	95	93	27+	120+	4	178	7	140	3	16+	16
6	105	185	26	7.5	6.5(?)	120	98	42	205	8	242	14(?)	140(?)	3		18
16	130	182	26+4	7(?)	8(?)	140	105	40	210	10	236+	9-12	140	4	24(?)	17
17	140	180	26+4	7(?)	8(?)	150(?)	110(?)	40(?)	215	10	242	14	150	3	24(?)	20

表八：各地出土戰國車尺寸統計表

出土地點	編號	輪徑	軌寬	輻數	輪牙高	輪牙厚	軸長	軸徑	輿廣	進深	高	軸長	軸徑	衡長	衡徑	軎高	軎徑
河南洛陽中州路	M19	169	200(?)	18(?)	9		2.77	8-10	160	150	35-40	340	12	141	8		
河北平山中山國國君譽墓2號陪葬車馬坑	1	76(?)		22(?)	7	3.1	260	9	168	156	53	224(?)		160(?)	4.6		
	2	80(?)			6.5-7		268	11	170	180	42-49(?)	176	4.5-8-12	160(?)	4.5		
	3	80(?)		22(?)	7	3.5	206	9	130	130	47	160(?)	4.5-7	160	5		
	4	78(?)	208	22(?)	6.5	5.5	215	10	140	132	34.5	160(?)	4.5-10	146	兩頭4		
河南淮陽馬鞍塚2號車馬坑	4	136	195	32	9.5		294	11	148	110		340	8-10	125	3-5		
	7	146			7		274		160	98		310		136	6		
	13	136	184	32	10		257	12			103	490	9-12	136	6		
江陵九店	M104	126	198	26		4.5	271	12	152	100	32	340		80+	4-6	36	5
	3	131	188	26	6	4.5	260	5	145	114	65	351	6-7寬6厚	117	4-6		
湖北宜城羅崗 M1CH車馬坑	4	134	194	26	6	4.5		6.8	150	130			4-10			80	4
	5	131	185	26	5	4.5	228	6	145	109		307	6-12寬3.5厚				
	6	102	197	26	6	4	268	6	135	115		313+	4-13寬4厚				
	7	140		26	5	5.5			172	122	40	352		152			
山東臨淄淄河店2號戰國墓	1	100		28			292	4.8-7	140	210	40	400	10寬4厚				
	11	136		30			270	8	126	120				160			
	20	146		30			270		120	80	20(?)	317	6-10寬5厚		5-3		
陝西鳳翔馬家莊1號建築群遺址		64	160	25	4	3	200	6-10				155(?)	5-10	124	55		

表九：各地出土秦車尺寸統計表

出土地點	編號	輪徑	軌寬	輻數	輪牙		軸		輿			輈		衡		軌	
					高	厚	長	徑	廣	進深	高	長	徑	長	徑	高	徑
陝西長武上孟村	BS26	122	190	24	7		270		147	94		305	6-11	160			
陝西鳳翔八旗屯	BS33①	140	213	28	6	5	280	4-8	149	96	27	335	7-10	140	2-4	53	3
	BS33②	118	186	28	6	4	252	4	134	80				134	2-4		
	BS33③	134	213	28	6	4.5	286	5	134	78	33		10	134	2-?		
甘肅平涼廟莊	M6	127	195	30	6	3.5-4	274	6.5-8	140	95	30	290	3-6-15	145	5-7	40	2
	M7	114	200	30	5-6	2(?)			126	99	40	267	9-11	136	3	30	4
陝西臨潼秦始皇陵	1號銅車	66·4	95	30	4	2-2.4	134	1.56-4	74	48.5	21.5	183.4	3.5-5	80	2-4	45.3	
	2號銅車	59	99.8	30	44	2-2.4	143	1.9-2.4	36.2	35	143-163	246		79	2-3	19.1	
									78	88	56.3						

〔注：（1）秦陵、2號銅車全部尺寸要乘2，方為實際尺寸。（2）2號銅車的輿、軸有兩種尺寸，上格為前室，下格為後室的。〕

表十：各地出土漢車尺寸統計表

出土地點	編號	輪徑	軌寬	輻數	輪牙		軸		輿			輈		衡
					高	厚	長	徑	廣	進深	高	長	徑	長
山東臨淄齊王墓	4號坑①	145	206	32								330		182
	4號坑②	144	220						146	199	36	375		138
	4號坑③		206									320		142
	4號坑④	98	113	26	65	6	146	6	86-89	92	54	172		73
北京大葆台漢墓	1號墓①	142	200	24	6	4	264	10	165	63	55	333	7	160
	1號墓②	142	200	22	6	4	264	10	165	110	89	360	7	160
	1號墓③	146	206	26	6	4	264		170					160

參考文獻

[1] 孫機：〈中國古獨輈馬車的結構〉，《文物》，1985（8）。

[2] 楊寶成：《殷墟的發現與研究》。北京：科學出版社，1994。

[3] 馬德志等：〈1953年安陽大司空村發掘報告〉，《考古學報》，1955（9）。

[4] 中國科學院考古研究所安陽發掘隊：《安陽殷墟孝民屯的兩座車馬坑》，《考古》，1977（1）。

[5] 中國社會科學院考古研究所安陽工作隊：〈1969—1977年殷墟西區墓葬發掘報告〉，《考古學報》，1979（1）。

[6] 中國科學院考古研究所安陽工作隊：〈安陽新發現的殷代車馬坑〉，《考古》，1972（4）。

[7] 中國社會科學院考古研究所安陽工作隊：〈殷墟西區發現一座車馬坑〉，《考古》，1984（6）；中國社會科學院考古研究所安陽工作隊：〈安陽郭家莊西南的殷代車馬坑〉，《考古》，1988（10）。

[8] 西北大學歷史考古專業：〈西安老牛坡商代墓地的發掘〉，《文物》，1988（6）。

[9] 中國社會科學院考古研究所山東工作隊：〈山東滕州市前掌大商周墓地1998年發掘簡報〉，《考古》，2000（7）。

[10] 國家文物局：《中國重要考古發現》。北京：文物出版社，2005。

[11] 國家文物局：《中國重要考古發現》。北京：文物出版社，2006。

[12] 郭寶鈞：《濬縣辛村》。北京：科學出版社，1964。

[13] 郭寶鈞、林壽晉：〈一九五二年秋季洛陽東郊發掘報告〉，《考古學報》，1955（9）。

[14] 中國社會科學院考古研究所：《灃西發掘報告》。北京：文物出版社，1962。

[15] 中國社會科學院考古研究所灃西發掘隊：〈1967年長安張家坡西周墓葬的發掘〉，《考古學報》，1980（4）。

[16] 北京市文物研究所：《琉璃河西周燕國墓地》。北京：文物出版社，1995。

[17] 中國社會科學院考古研究所、北京市文物工作隊琉璃河考古隊：〈1981—1983年琉璃河西周燕國墓地發掘簡報〉，《考古》，1984（5）。

[18] 盧連成、胡智生：《寶雞強國墓地》。北京：文物出版社，1988。

[19] 山東省昌濰地區文物管理組：〈膠縣西庵遺址調查試掘簡報〉，《文物》，1977（4）。

[20] 中國社會科學院考古研究所洛陽唐城隊：〈洛陽老城發現四座西周車馬坑〉，《考古》，1988（1）。

[21] 中國社會科學院考古研究所灃西發掘隊：〈1984年長安普渡村西周墓發掘簡報〉，《考古》，

1988（9）。

[22] 洛陽市文物工作隊：〈洛陽林校西周車馬坑〉，《文物》，1999（3）。

[23] 中國社會科學院考古研究所山東工作隊：〈滕州前掌大商代墓葬〉，《考古學報》，1992（3）。

[24] 中國社會科學院考古研究所：《張家坡西周墓地》。北京：中國大百科全書出版社，1999。

[25] 河南省文物考古研究所：《上村嶺虢國墓地》。北京：科學出版社，1959。

[26] 河南省文物考古研究所：《三門峽虢國墓》。北京：文物出版社，1999。

[27] 許宏：《上馬墓地》。北京：文物出版社，1994。

[28] 中國社會科學院考古研究所、山西省考古研究所、運城市文物局等：《臨猗程村墓地》。北京：中國大百科全書出版社，2003。

[29] 山西省考古研究所、太原市文物管理委員會、陶正剛等：《太原晉國趙卿墓》。北京：文物出版社，1996。

[30] 國家文物局：《中國重要考古發現》。北京：文物出版社，2007。

[31] 中國社會科學院考古研究所：《輝縣發掘報告》。北京：科學出版社，1956。

[32] 洛陽博物館：《洛陽中州路戰國車馬坑》，《考古》，1974（3）。

[33] 河北省文物研究所：《響墓——戰國中山國國王之墓》。北京：文物出版社，1996。

[34] 河南省文物研究所、周口地區文化局文物科：〈河南淮陽馬鞍塚楚墓發掘簡報〉，《文物》，1984（10）。

[35] 湖北省文物考古研究所：《江陵九店東周墓》。北京：科學出版社，1995。

[36] 湖北省文物考古研究所等：〈湖北宜城羅崗車馬坑〉，《文物》，1993（12）。

[37] 山東省文物考古研究所：〈山東淄博市臨淄區淄河店二號戰國墓〉，《考古》，2000（10）。

[38] 洛陽市文物工作隊：《洛陽王城廣場東周墓》。北京：文物出版社，2009。

[39] 國家文物局：《2002中國重要考古發現》。北京：文物出版社，2003。

[40] 龍少、衛康叔：〈馬家塬戰國墓：解開戎王的秘密〉，《中華遺產》，2008（12）。

[41] 陝西雍城考古隊：〈鳳翔馬家莊一號建築群遺址〉，《文物》，1985（2）。

[42] 渠川福：〈太原晉國趙卿墓車馬坑與東周車制散論〉，《太原晉國趙卿墓》。北京：文物出版社，1996。

[43] 孫機：〈中國古獨輈馬車的結構〉，《文物》，1985（8）。

[44] 洛陽博物館：〈洛陽中州路戰國車馬坑〉，《考古》，1974（3）。

[45] 陝西省考古研究所寶雞工作站等：〈陝西隴縣邊家莊五號春秋墓發掘簡報〉，《文物》，1988（11）。

[46] 于省吾：〈殷代的交通工具和馹傳制度〉，《東北人民大學人文科學學報》，1955（2）。

[47] 鎮江博物館：〈江蘇丹徒大港母子墩西周銅器墓發掘簡報〉，《文物》，1984（5）。

[48] 袁仲一、程學華：〈秦陵二號銅車馬〉，《考古與文物叢刊第一號》，1986。

[49] 始皇陵秦俑坑考古發掘隊：〈臨潼縣秦俑坑試掘第一號簡報〉，《文物》，1975（11）。

[50] 始皇陵秦俑坑考古發掘隊：〈秦始皇陵東側第二號兵馬俑坑鑽探試掘簡報〉，《文物》，1978（5）。

[51] 秦俑坑考古隊：〈秦始皇陵東側第三號兵馬俑坑清理簡報〉，《文物》，1979（12）。

[52] 甘肅省博物館：〈甘肅平涼廟莊的兩座戰國墓〉，《考古與文物》，1982（5）。

[53] 吳鎮烽、尚志儒：〈陝西鳳翔八旗屯秦國墓葬發掘簡報〉，《文物資料叢刊》，1980（3）。

[54] 陝西省秦俑考古隊：〈秦始皇陵一號銅車馬清理簡報〉，《文物》，1991（1）；
陝西省秦俑考古隊、秦始皇兵馬俑博物館編：〈秦陵二號銅車馬〉，《考古與文物》，1983（11）。

[55] 湖北省荊州市周梁玉橋遺址博物館：〈關沮秦漢墓清理簡報〉，《文物》，1999（6）。

[56] 山東省淄博市博物館：〈西漢齊王墓隨葬器物坑〉，《考古學報》，1985（2）。

[57] 中國社會科學院考古研究所、河北省文物管理處：《滿城漢墓發掘報告》。北京：文物出版社，1978。

[58] 河北省文物研究所：〈河北定縣40號漢墓發掘簡報〉，《文物》，1981（8）。

[59] 山東省博物館：〈曲阜九龍山漢墓發掘簡報〉，《文物》，1972（5）。

[60] 大葆台漢墓發掘組、中國社會科學院考古研究所：《北京大葆台漢墓》。北京：文物出版社，1989。

[61] 河北省文物研究所鹿泉市文物保管所：《高莊漢墓》。北京：科學出版社，2006。

[62] 鳳凰山一六七號漢墓發掘整理小組：〈江陵鳳凰山一六七號漢墓發掘簡報〉，《文物》，1976（10）。

[63] 中國科學院考古研究所：《長沙發掘報告》。北京：科學出版社，1957。

[64] 甘肅省博物館：〈武威磨咀子三座漢墓發掘簡報〉，《文物》，1972（12）。

[65] 南京博物院：〈江蘇漣水三里墩西漢墓〉，《考古》，1973（2）。

[66] 貴州省博物館考古隊：〈貴州興義、興仁漢墓〉，《文物》，1979（5）。

[67] 甘肅省博物館：〈武威雷台漢墓〉，《考古學報》，1974（2）。

[68] 孫機：〈略論秦始皇一號銅車〉，《文物》，1991（1）。

[69] 湖北省博物館、隨縣博物館、中國社會科學院考古研究所技術室：〈湖北隨縣擂鼓墩一號墓皮甲胄的清理與復原〉，《考古》，1979（6）。

[70] 吳順青、徐夢林、王紅星：〈荊門包山二號墓部份遺物的清理與復原〉，《文物》，1988（5）；白榮金：〈包山楚墓馬甲復原辨正〉，《文物》，1989（3）。

[71] 孫機：〈始皇陵二號銅車馬對車制研究的新啟示〉，《文物》，1983（7）。

[72] C. N. 魯金科（蘇聯科學院物質文化史研究所）：〈論中國與阿爾泰部落的古代關係〉，《考古學報》，1957（2）。

[73] 中國社會科學院考古研究所安陽工作隊：〈安陽孝民屯晉墓發掘報告〉，《考古》，1983（12）。

[74] 遼寧省博物館文物隊、朝陽地區博物館文物隊、朝陽縣文化館：〈朝陽袁台子東晉壁畫墓〉，《文物》，1984（6）。

[75] 吉林省博物館文物工作隊：〈吉林集安的兩座高句麗墓〉，《考古》，1977（2）。

[76] 黎瑤渤：〈遼寧北票縣西官營子北燕馮素弗墓〉，《文物》，1973（3）。

[77] 田立坤、李智：〈朝陽發現的三燕文化遺物及相關問題〉，《文物》，1994（11）。

[78] 遼寧省文物考古研究所：〈朝陽十二台磚廠88M1發掘簡報〉，《文物》，1997（11）。

[79] Donald J. LaRocca. *WARRIORS OF THE HIMALAYAS: Rediscovering the Arms and Armor of Tibet*, Yale University Press, 2006.

[80] 吉林省博物館、哲里木盟文化局：〈吉林哲里木盟庫倫旗一號遼墓發掘簡報〉，《文物》，1973（8）

[81] 敖漢旗文物管理所：〈內蒙古昭烏達盟敖漢旗北三家遼墓〉，《考古》，1984（11）。

[82] 王炳華：〈鹽湖古墓〉，《文物》，1973（10）。

[83] 孫機：〈唐代的馬具與馬飾〉，《文物》，1981（10）。

[84] 內蒙古文物考古研究所等：〈遼耶律羽之墓發掘簡報〉，《文物》，1996（1）；敖漢旗文物管理所：〈內蒙古敖漢旗沙子溝、大橫溝遼墓〉，《考古》，1987（10）。

[85] 湯毓賢：〈兩件雕飾精美的南宋石馬及有關石像生〉，《文物》，1999（8）。

[86] 楊泓：〈宋代的馬珂之制——從美國紐約大都會美術館所藏宋畫及日本的「唐鞍」談起〉，

《文物》，1987（9）。

[87] 內蒙古文物考古研究所編：《內蒙古文物考古集》（第一輯）。北京：中國大百科全書出版
社，1994。